王丽佳 ◎ 著

国家社会科学基金青年项目（19CGL002）
国家自然科学基金面上项目（71671094）　资助
天津市高等学校人文社会科学研究一般项目（2017SK113）

Heterogeneous Expectation and
Asset Prices Studies Based on Social Networks

基于社会网络的异质性预期与资产价格研究

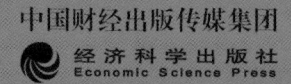

中国财经出版传媒集团
经济科学出版社
Economic Science Press

图书在版编目(CIP)数据

基于社会网络的异质性预期与资产价格研究/王丽佳著. —北京：经济科学出版社, 2022.6
ISBN 978-7-5218-2177-2

Ⅰ.①基… Ⅱ.①王… Ⅲ.①股票市场-研究-中国 Ⅳ.①F832.51

中国版本图书馆 CIP 数据核字(2020) 第 248844 号

责任编辑：杜　鹏　常家凤
责任校对：隗立娜
责任印制：邱　天

基于社会网络的异质性预期与资产价格研究

王丽佳　著

经济科学出版社出版、发行　新华书店经销
社址：北京市海淀区阜成路甲 28 号　邮编：100142
总编部电话：010-88191217　发行部电话：010-88191522
网址：www.esp.com.cn
电子邮箱：esp_bj@163.com
天猫网店：经济科学出版社旗舰店
网址：http://jjkxcbs.tmall.com
固安华明印业有限公司印装
710×1000　16 开　8.25 印张　160000 字
2022 年 7 月第 1 版　2022 年 7 月第 1 次印刷
ISBN 978-7-5218-2177-2　定价：46.00 元
（图书出现印装问题，本社负责调换。电话：010-88191510）
（版权所有　侵权必究　打击盗版　举报热线：010-88191661
　QQ：2242791300　营销中心电话：010-88191537
　电子邮箱：dbts@esp.com.cn）

前　言

　　资本市场是一个预期反馈的非线性互动的复杂经济系统，行为人的经济决策取决于其对未来经济的预期，异质性预期与资产价格的研究已成为当今经济金融领域的研究热点。交易者异质性预期的形成取决于他们所获取的信息集，诸多研究表明，社会网络是行为人信息交流互动的基础，是市场行为人获取信息的重要途径。因此，本书基于资本市场中的社会网络探究交易者异质性预期的转换与资产价格的动态演化机制。

　　首先，本书基于市场中交易者所形成的社会网络，建立交易者异质性预期的形成机制，应用马尔科夫过程探究交易者每一时期异质性预期的转换状态。考虑资产价格对交易者预期的非线性反馈作用，本书构建了社会交流、交易者预期和资产价格的非线性复杂自适应系统。

　　其次，本书基于资本市场的自适应系统，研究分析了股票价格的动态演化过程。研究表明，股票价格的动态变化（上升或者下降）受当前的股票价格和市场稳态价格的相对大小关系的影响，而稳态价格的形成则取决于交易者的社会网络结构和信息影响力。价格的实现机制是自我强化的，即表现为股票价格的大幅上涨往往会带动下一时期或者之后一段时期内的持续上涨，而价格的下跌会带动价格下一时期或者之后一段时期内的持续下降，分别称为正向的和负向的自我强化过程。本书分析发现，价格的正向（负向）自我强化主要受两方面的影响：价格的真实动态行为和交易者预期的价格行为，即如果股票价格的真实运动表现为趋势上升（下降），并且交易者也预期股票的稳态价格会高于（低于）当前价格，那么股票价格将实现正向（负向）的自我强化过程。

　　"小世界"是经过诸多学者实验验证的社会网络最为重要的性质，小世界网络有效地刻画了社会交流的高集聚性和较短的路径特征。本书基于瓦茨和斯托加茨（Watts & Strongatz）的小世界网络模型刻画了资本市场中交易者交流的结构特征，并应用基于多智能体（Agent）的复杂系统仿真技术模拟价格的动态演化过程。结果表明，价格泡沫的产生与破灭可以解释为股票价格的正向和负向自我强化交替出现的动态过程，并且正向的自我强化的强度越强，价格泡沫的幅度越大；负向的自我强化的强度越强，价格的下跌表现得越剧烈。

　　考虑到信息交流的随机性，本书构建随机信息交流网络以刻画资本市场中交易者的随机交流状态，定义信息共享度来度量交易者的信息共享程度，应用带噪音的理性预期均衡模型推导出资产价格关于信息共享度的显示表达式。本书分析发现，信息交流的随机性是影响价格波动的重要因素。当信息共享度较高时，随机的信息交流将增加资产价格的波动率，当信息共享度较低时，将降低价格的波动率。

最后，本书应用异质性行为人模型（HAM）刻画我国资本市场的投资者异质性预期的演化动态，并基于沪深 300 指数和上证指数的月度数据实证检验我国资本市场的行为异质性。结果表明，我国资本市场存在两种类型的策略交易者：一种是基本面分析策略——预期股票价格将回归基本面；另一种是趋势分析策略——预期价格将持续偏离基本面价值。进一步，我们给出了 2008 年前后我国股票市场大幅波动的合理解释：2008 年之前，趋势追随者主导市场，价格不断强化并持续偏离基本面，股票价格大幅上升；当股票价格出现逆转，投资者从趋势追随转变为基本面分析策略，促使价格回归其基础价值，股票价格下跌。

王丽佳
2022 年 6 月

目 录

第 1 章 导论 ························ 1
  1.1 研究背景与意义 ··················· 1
  1.2 相关研究综述 ····················· 4
  1.3 研究思路、研究方法及创新点 ········ 16
  1.4 研究内容和结构安排 ··············· 18

第 2 章 网络分析的背景和基础 ········ 21
  2.1 网络的表示与拓扑性质 ············· 21
  2.2 网络结构模型 ····················· 25
  2.3 网络传播 ························· 28
  2.4 本章小结 ························· 32

第 3 章 社会交流、交易者预期与股票价格非线性系统的构建 ···· 33
  3.1 信息交流的社会网络基础 ··········· 33
  3.2 交易者预期的异质类型 ············· 35
  3.3 异质性预期的形成与转换 ··········· 38
  3.4 资本市场均衡价格的形成 ··········· 43
  3.5 本章小结 ························· 45

第 4 章 资本市场自适应系统的价格动态的理论分析 ···· 47
  4.1 给定信息影响力下的分析 ··········· 48
  4.2 价格信息反馈作用下的讨论 ········· 52
  4.3 股票价格的实现机制及特性 ········· 56
  4.4 本章小结 ························· 59

第 5 章 基于小世界网络的资本市场演化动态的数值讨论 ···· 61
  5.1 社会网络的"小世界"验证 ·········· 61
  5.2 模拟方法的选取与设定 ············· 64
  5.3 资本市场的模拟演化 ··············· 68
  5.4 股票价格泡沫的机理分析 ··········· 72
  5.5 本章小结 ························· 75

第 6 章 随机信息交流网络下的资产价格及波动分析 ······ 77
6.1 随机社会网络下的信息交流 ······ 77
6.2 市场均衡价格的形成 ······ 79
6.3 价格波动的分析 ······ 83
6.4 本章小结 ······ 90

第 7 章 我国资本市场的行为异质性——基于 HAM 的实证检验 ······ 92
7.1 异质性行为人的资产定价模型 ······ 92
7.2 异质预期的价格比现金流资产定价模型 ······ 97
7.3 我国资本市场异质性的实证检验 ······ 99
7.4 本章小结 ······ 106

第 8 章 总结与展望 ······ 108
8.1 主要结论 ······ 108
8.2 研究不足与展望 ······ 110

附录 1 小世界网络模型的生成 MATLAB 代码 ······ 112
附录 2 基于 Agent 的复杂系统仿真模拟 MATLAB 程序代码（部分参数） ······ 114
附录 3 价格波动率分析的部分模拟代码 ······ 117
参考文献 ······ 119

第1章 导 论

1.1 研究背景与意义

1.1.1 研究背景

资本市场中风险资产的价格研究一直是金融学前沿领域所关注的重点议题。多年来,以有效市场假说和投资者理性为代表的理性预期理论以其完美的结构和易于操作的实证检验方法在资产定价研究领域占据着重要地位。然而,大量的研究表明,资本市场中存在价格的过度波动、股权溢价、封闭式基金之谜等诸多的异常现象。例如,早在20世纪80年代,希勒(Shiller,1981)发现股票市场表现为过度波动,即股票价格的波动明显高于经济基本面的变化。2008年爆发的金融经济危机使得全球范围内的股票市场遭受大幅剧烈波动,受国内外因素的影响,我国股票市场也出现了剧烈波动,这些异常的股票波动并不能被经典的金融学理论所解释。

针对这些经典金融理论不能合理解释的市场异象,越来越多的学者提出了对有效市场假说的质疑,可以概括为以下三个方面。

(1)假设的不合理性:完全理性的假设无法满足资本市场中各种各样的投资者的真实情况;价格充分完全地反映市场信息不符合信息的获取规则与传播规律。

(2)模型过于简化:有效市场理论往往采用简单的线性均衡理论来描述市场的均衡状况,这与真实的非线性的复杂经济系统并不相符。

(3)解释力较差:随着资本市场的高度发展,资产价格的动态运动更加复杂,而有效市场理论几乎无法解释任何价格"并不完美"的运动。

西蒙(Simon,1952)修正了投资者完全理性的假设,提出有限理性概念。西蒙认为,"尽管大多数经济行为人都具有理性的意识,但是由于自身的经历、知识水平、阅历等的限制,使得他们在做决策时往往会陷入一种并不完全理性的预期之中。"事实上,在真实的资本市场中,经济行为人只能把有限的精力放在少数的行为决策上，而更多的决策依赖于惯例、标准程序、模仿、习俗等方面的影响。另外，基于投资者完全理性和有效市场理论发展而来的风险管理技术，对近些年来的金融危机和风险也无法进行有效的预警和防控。诸多事实表明，以投资者理性和有效市场理论为基石的现代金融理论存在着严重不足。因此，以市场中经济个体的行为为导向的行为金融学理论得以迅速发展，为资本市场以及资产价格的研究开启新的研究范式。

行为金融学认为，有限理性的投资者以及他们的异质性预期所导致的交易行为的共同作用决定了资产的市场价格，更加符合现实资本市场的真实状况。预期是影响经济现象的关键因素，经济行为人所形成的预期往往是异质性的。行为人之间的异质性在经济和金融活动中扮演着愈发重要的角色，正如赫克曼（Heckman，2001）在其诺贝尔经济学奖的演讲中所说，"异质性及多样化的证据是经济生活中最重要的发现，随着异质性得到全面分析，多样性的个体将用来描述人的'平均'属性，代表性行为人将被证明缺乏经验依据"。

资本市场中异质性预期的形成不仅源于交易者自身的心理和认知，还源于交易者之间的社会互动。欧洲央行前主席特里谢（Trichet）在法兰克福的欧洲央行会议上曾呼吁政策制定者采取应对金融危机的新方法："首先，我们必须要考虑如何描述任意模型的核心经济行为人的特征，现有模型的基本的最优化假设并没有刻画出危机期间的行为人的特征。我们需要更好地处理行为人之间的异质性以及这些异质的个体之间的互动。其次，我们或许需要重新考虑预期形成的更多的特性。理性预期理论在过去四十年一直统治着宏观经济的分析，但是很明显我们现在需要重新审视这一假设。我们需要提出新的概念，例如学习和理性疏忽等。"

如特里谢（1995）所说，我们不仅需要处理经济行为人的异质性预期，还要更好地处理异质行为人之间的互动，而社会网络则是研究这种互动的有力工具。人与人之间的互动是信息共享和传递的重要方式，基于社会网络的互动交流在经济活动中扮演着重要的角色。社会网络从个体的微观层面出发，有效地刻画了金融市场中异质性预期的行为人之间的社会互动，为经济金融领域的金融传染、交易者行为和资产价格等方面的研究提供了微观基础。因此，本书将基于资本市场中交易者所形成的社会网络，从经济个体的微观层面探究交易者的异质性预期转换以及资产价格的动态演化机制。

1.1.2　研究意义

社会网络是资本市场中交易者信息交流的基础，基于社会网络探究交易者的异质性预期和行为能够深入个体微观结构，把握行为决策的本质属性，进而有效地解释资产价格的动态特征。因此，基于社会网络结构微观层面探究互动的交易者的异质性预期转换以及资产价格的演化机制具有重要意义。

第一，对交易者异质性预期和行为演化具有重要的理论价值。资本市场中的交易者异质性预期是当今金融经济学领域的前沿课题，而现有的对异质性预期的研究多是单纯地假定几种类型的交易者，如基础价值投资者、趋势交易者和噪音交易者等。本书应用社会网络刻画资本市场中交易者的社会交流关系，刻画了每一时刻每一个市场交易者的预期状态，并且立足于有限理性内生了交易者的异质性预期形成与转换。这不仅扩展了金融经济学的研究范式，还丰富和完善了交易者异质性预期和交易行为的形成机制等理论。交易者异质性预期和行为的相关理论还处于发展阶段，这使得本书的研究得以充分发挥创新性，有很大的发展空间，具有重要的理论价值。

第二，对资产价格的动态行为具有强大的现实解释力。经济变量的运行结果取决于经济行为人的预期，基于社会网络对行为人异质性预期形成与演化的刻画能够准确把握经济个体的行为决策，进而判断资产价格的动态趋势。本书通过理论分析给出了资产价格上升和下降的条件，并基于小世界网络模拟演化了资产价格动态变化，将资产价格的动态变化看成一系列自我强化的运动结果，从而有效地解释了价格变化中的波动特征以及股票价格泡沫的形成与破灭过程，为真实的资产价格动态演化提供了现实解释。

第三，对资本市场非线性复杂系统的研究具有重大的参考价值。资本市场是一个复杂的经济系统，交易者行为与资产价格动态变化的相互作用形成了更为复杂的演化动态。本书基于社会网络的空间结构以及交易者有限理性的异质性假设，从资本市场的微观结构出发，构建了考虑交易者的社会交流、异质性预期和资产价格所组成的非线性复杂自适应系统。应用非线性动力学理论和方法来研究资本市场中交易者的复杂动态行为，探求资产的市场价格形成和波动的内在机理，对资本市场非线性复杂系统的研究具有重大的参考价值。

第四，对我国资本市场的运作具有现实的指导意义。与成熟的资本市场相比，我国资本市场还是一个新兴的市场。基于经济行为人的异质性预期的研究能够从微观层面探究个体的行为决策与转换，洞悉资产价格的形成机制。本书基于投资者有限理性的假设，进一步探究异质性行为人的资产定价模型，并依据沪深300指数和上证指数的月度数据，给出我国资本市场的投资者行为异质性的实证有效性，从而解释真实市场中我们所能观测到的股票波动尤其是2008年前后的股票泡沫和崩盘现象，为我国资本市场的价格影响机制提供了新的经验证据，对我国资本市场的运作具有现实的指导意义。

1.2 相关研究综述

现代经济学认为，经济学与其他自然科学的主要区别在于，经济行为人今天的决策取决于他们对未来的预期。预期是指经济系统中的行为人对未来不确定的经济变量的预测，预期理论以及预期与资产价格的相关研究一直都受到国内外学者的广泛关注。预期以行为人的信息集为客观依据，源于对未来不确定性的认知。例如，在资本市场的投资决策中，交易者基于未来价格的预期决定投资策略；在消费模型中，永久收入理论和生命周期理论都强调消费者对未来收入的预期作用等。

1.2.1 早期经济学中的预期理论回顾

预期理论在经济学研究中一直占据重要的地位，早期的预期理论分为瑞士学派和凯恩斯学派两个学派。瑞士学派的理论较为朴素，是预期理论在经济学中应用的开端。桑顿（Thornton）首次将预期引入经济系统的理论研究中。接着，维克赛尔在其"累积过程理论"中将预期应用到价格的分析中，他认为，生产者对未来商品价格的预期是其制订生产计划，与雇佣者订立契约、制订工资等经济活动的主要依据。米尔达尔基于"事前"和"事后"的分析方法将预期纳入传统的静态均衡价格的理论分析中，他认为，行为人会根据客观形势不断调整预期，强调厂商的预期对产品价格制定的重要作用。这里的"事前"是指在一定分析期内对未来变量的预期值，而"事后"则指在分析期结束后所得到的真实的变量数值。这种"事前"和"事后"的分析方法表明，预期在经济活动中具有重要决定性作用，是公众经济行为的关键，并且不同的经济主体具有差异化的预期。

凯恩斯的《就业、信息和货币通论》使得预期与不确定性问题逐渐步入经济学研究的视野，凯恩斯运用心理预期方法研究厂商的投资与决策行为，强调未来的不确定性对经济个体行为的决定性影响。凯恩斯研究发现，由于商品供需之间存在时滞，厂商会以预期产品的销量和消费者愿意支付的价格确定当前的生产量。如果预期产品需求增加则增加产量，预期价格下跌则减少产量。凯恩斯（2009）认为，经济行为人的大多数的决策很可能源于其动物的本能——一种自发的从事行动，并不是无所事事的冲动，也不是用利益的概率乘以数量而加权得到的平均结果所指。凯恩斯的这种"动物精神"驱动的预期复杂性，合理地描述了市场中消费者或者投资者的乐观或者悲观的预期情绪。由于经济个体所拥有的知识不完全、不对称，他们对经济的未来运行并不清楚，大部分预期都是通过"动物精神"形成的。他们会通过相互观察以获取信息，从而产生从众行为或者群体效应。因此，在真实的宏观经济运行中，交易者的投资决策会受到非理性的乐观或者悲观预期情绪影响，引起整个市场预期的不断变化，进而导致经济的波动。

上述两种学派都认为预期在经济活动中扮演着重要的角色，但对预期的认识仍有很多不足。瑞典学派没有充分认识预期的本质，只是单纯地认为是行为人的主观心理，使得预期的分析带有较强的主观性；而且他们所认为的预期没有很强的适应性，没有考虑信息对预期的不断影响，也没有对预期的形成做相应的机制分析。凯恩斯确立了预期在西方经济学的经济分析与发展中的首要地位。凯恩斯理论的深刻之处在于指出了预期的不确定性，他把预期分为短期和长期预期，并把预期同产量、投资需求、就业和经济周期连接起来，把长期预期看作不确定环境下的对未来时间的不确定性预测，指出预期的改变以及其发生作用的过程中可以造成类似经济周期的波动形式。但是凯恩斯只是把预期看作经济系统的外部变化，而与模型中的参数变化无关，并且对预期的形成机制也没有明确的表述。

从预期的形成机制进行分类，可以把预期分为静态预期、外推型预期、适应性预期和理性预期。伊齐基尔（Ezekiel, 1938）在分析蛛网模型的市场供求关系时首次引入静态预期，故又称为蛛网预期。静态预期直接把前一期的商品实际价格看作当前的预期价格，是预期形成机制最为简单的一种预期理论。该预期理论最大的特色在于，t 期的供给决策以 $t-1$ 期的价格为依据。但是，由于行为人只根据上一期价格做出供给决策，因而忽略了 t 期和 $t-1$ 期之间市场的动态变化。古德温（Goodwin, 1947）提出了一种考虑前两期价格的线性回顾的外推型预期，进一步发展了静态预期理论。相比于静态预期，该预期理论不仅考虑了前期的价格水平，还会考虑一定比例的前两期价格水平的差，从而根据行为人的乐观或者悲观情绪给出价格的预期。纳洛夫（Nerlove, 1958）提出了一种反馈型预期，即适应性预期。该预期理论可以根据行为人的预测偏误来修正每一时期的预期，即 t 期的价格预期表示为 $t-1$ 期的价格预期与一定比例的 $t-1$ 期的价格预测偏误的求和形式。

以上三种预期虽然都能在一定程度上刻画市场经济行为人的预期状态，但这三种预期都只依据过去的经济预期变量信息进行预测，并不能充分利用与所预测的经济变量相关的其他变量所提供的当期或者过去的信息。

穆斯（Muth, 1961）通过借鉴其他预期模型的经验，提出了理性预期假说。其理论要点包括以下方面。

（1）理性预期是经济行为人最大化利益的预期，是人们利用昂贵的信息后形成的，因而它是理性的，其结果与客观的理论真实值相一致。

（2）理性预期是所观察到的过去的经验总结，可以指导人们的经济行为，是经济行为的基础。

（3）厂商和经济学家并不能掌握一切信息，理性预期模型中存在的随机误差项会对其行为产生影响。

（4）否定了凯恩斯主义的经济政策有效性，这也是最重要的一点。理性预期模型认为规则的经济政策并不会对实际的经济行动产生影响，即只有当经济系统受到预料之外的随机冲击时，才会使经济偏离其正常轨道。

理性预期是经济当事人为谋求最大利益或者避免损失，利用一切可以获取的信息对未来状况下的经济变量所做出的准确估计。理性预期学派的崛起使得预期理论真正进入了经济学分析的主流，他们认为，理性预期是经济学基本假设的推广，预期的准确性往往取决于行为人所掌握信息的准确程度，并把预期作为经济的内生变量来处理。

1.2.2　理性预期框架下的资产价格研究

自从穆斯（1961）提出理性预期假设之后，理性预期在卢卡斯（Lucas, 1972a, 1972b）等宏观经济研究中越来越多地被应用，理性预期假设（rational expectations hypothesis, REH）逐渐成为经济学理论中经典的预期形成范式，奠定了预期理论在宏观经济学中的地位。

理性预期是指市场中所有的投资者都能够根据市场过去的和现在的信息，对未来的价格走势或特征做出准确的估计。理性预期从根本上纠正了古典预期理论忽略信息的偏差，提出了行为人应该在预期的形成过程中有效使用所有可得信息的原则，该预期理论隐含着强信息假设：超级聪明的经济人预期。理性预期是市场均衡的前提，资本市场均衡理论与一般商品市场的一般均衡理论的不同之处在于，资本市场均衡分析是在不确定的情景下做出决策，这就要求行为人要以预期效用函数来解决策略选择问题，从而关系到资本市场的预期均衡。资本市场的均衡理论主要研究资本市场的均衡机制以及金融资产定价问题，夏普等（1964）研究资本资产定价预期，并创立了著名的资本资产定价模型（CAPM）；法玛（Fama, 1970）根据理性预期均衡理论，提出了资本市场上的预期均衡框架——有效市场假说（EMH）；罗斯（Ross, 1976）发展了资本市场的套利定价理论（APT）；布莱克和斯科尔斯（Black & Scholes, 1973）提出了经典的期权定价理论（OPT）。这些理论一起形成了资本市场金融资产完整的均衡定价体系，构成了现代金融理论的核心。

经济行为人的理性预期存在于交易行为的过程中，卢卡斯（1972b）通过研究发现当前的资产价格可以传递信息。如果交易者可以观测到当前价格，那么就可以基于此价格了解价格函数和需求量等信息。格鲁斯曼（Grossman, 1976）提出了能够完全揭示信息的理性预期均衡模型（REE 模型），理性预期均衡模型中存在完全竞争市场和不完全竞争市场。完全竞争意味着存在无穷多的价格接受者的知情交易者，交易者拥有不对称信息，并且效用具有可加性。而在不完全竞争市场中，只存在着有限的作为价格接受者的知情交易者，他们认为价格能够有效地传递私有信息，理性预期均衡则可以完全揭示这类私有信息。每个交易者都可以达到竞争性均衡时的资源配置状态，即意味着理性预期均衡下的价格是所有信息的充分统计量。卢卡斯（1978）在理性预期框架下的经济描述，指出理性预期是市场参与者根据现有的所有信息对未来的经济状态所做出的正确、同质的预期，这种资本市场中的"投资者有能力对价格波动特性做出准确地预期"的假定对金融资产价格的研究产生了深远的影响。格鲁斯曼和斯蒂格利茨（Grossman & Stiglitz, 1980）进一步将噪音交易者考虑到模型中，拓展资产定价到部分揭示信息的带噪音的理性预期均衡模型（NREE），并得到了线性形式的带噪音的理性预期均衡。他们指出，如果信息是私有的并且获取信息有一定的成本，那么理性预期均衡价格将不会完全揭示所有的信息。赫尔维希（Hellwig, 1980）考虑了竞争性模型下的信息与资产价格的关系，由于个体行为并不影响资产价格，那么只有绝大多数交易者的私有信息的共同部分才会被汇总到价格中，进而影响价格。凯尔（Kyle, 1985）通过研究带有序贯行为的内幕交易模型，考察了价格的信息性质，并且模拟验证了基于信息不对称的动态交易环境也可以得出一个"有效的、无摩擦"市场。

有效市场理论是理性预期理论在资本市场中的运用（米什金，1996），该理论中的投资者理性和完全信息假设实质上就是新古典中的理性预期。有效市场理论是理性预期均衡模型在资本市场中的进一步验证，它作为一种简单明了的线性均衡范式一直主导着金融、经济理论的研究，成为现代金融理论的基石。

有效市场理论认为，资本市场中的每一个参与个体都会利用一切信息来关注盈利机会，在众多理性行为人对利益追逐的过程中，任何盈利机会都会消失。这意味着，资产价格已充分反映了所有公开可得的信息并且不存在未被利用的盈利机会。整个市场是充分竞争的，所有市场参与者都只能是价格的接受者，人们预期所获得的利润不会超过市场均衡模型所得出的均衡回报率。然而，梅赫拉和普莱斯考特（Mehra & Prescott, 1985）通过考察美国长期国债和大公司股票的收益率发现，股票价格存在明显的风险溢价现象。还有研究表明，股票价格存在季节效应，即股票的收益率与时间有关（Rozeff et al., 1976; Gultekin, 1983）。对于价格的波动率，有效市场理论认为，只有在影响股价基本价值因素变化时价格波动率才会发生变化，但是真实的资产价格波动往往比基础价值的波动明显，即表现为过度波动。韦斯特（West, 1988）通过实证研究发现，资产价格的这种过度波动是持续性的，并不能用收益或者理性泡沫的标准模型加以解释。这与有效市场假说的随机游走相悖，韦斯特指出，存在某种与基础价值无关的市场投机因素影响着价格波动，他总结为包含疯狂追随、心理或者社会机制的"非标准模型"。波特巴和萨默斯（Poterba & Summers, 1988）从技术上对资产价格进行分析，他们发现资产价格在短期内表现为正相关而长期内表现为负相关。

根据市场有效假说理论，市场价格反映了资产的全部信息，那么任何技术手段的价格预测都是无用的。然而，布罗克等（Brock et al., 1992）对技术分析的盈利情况进行研究，实证表明技术分析的交易者可以在市场中长期存在，并且可以获得并不低于基本价值投资者的收益。理性的代表性行为人仍然是很多宏观经济学假定的核心，例如主流的宏观经济模型——动态随机一般均衡模型（DSGE），该模型认为经济个体具有非凡的认知和理解能力，行为人能够理解现实社会的各种复杂性，并有能力计算出所有经济冲击的概率分布。这样的完全理性假设使得经济人能够应用包括理论模型、算法结构在内的一切可得信息在一个跨期框架中最大化他们的效用。

理性预期假设经济行为人的完全理性，并且个体享有相同、完全的信息，每个经济个体的预期都是同质的。理性预期理论提供了一个完美有力的经济学框架，长久以来，理性预期均衡一直主导着对经济、金融以及经济计量等基础理论和应用方面的研究。但随着资本市场异象的频发，这种简化了现实的理性预期均衡理论无法有效地加以解释。实际上，在复杂的经济系统中，每个经济行为人都是异质的个体，他们在信息、经济知识、信念、预期规则等方面都表现出多样性，从而形成差异化的预期。

1.2.3　异质性预期与资产价格的研究

金融学中的理性预期理论认为，资本市场中的理性投资者最终将驱逐非理性的投资者，使得市场中只会保留理性投资者。然而越来越多的实证研究表明，市场中的交易者表现出各种不同的策略（Frankel et al., 1987; Ito et al., 1990）。德隆等（de Long et al., 1990）首次通过实证检验发现，非理性的噪音交易者可以与完全理性的交易者长期共存在同一市场中，他们认为这种共存可能是因为噪音交易者承受着长期高收益所带来的高风险。相比于理性预期，异质性预期更加复杂。异质性预期是市场中不同的经济个体因信息不对称或不完全、交易者自身的认知偏差或局限或所使用的预测规则不同等因素而形成的对未来资产价格及其特征形成的不同的预期。

异质性预期在资本市场的研究中起着重要作用，许多学者对异质性预期与资产价格进行了深入的探讨，相关研究可以大致分为以下两类。一类是基于心理因素的研究视角，这方面的研究侧重于分析噪音交易者行为"过度自信""代表性直觉"等非理性的交易者行为对资产价格的影响，将这种心理因素产生的不同价格的预期解释为交易者的异质信念，该类研究多为静态的因素分析。另一类是基于异质性行为人模型（HAM）的研究，认为投资者是有限理性的。这类研究侧重于资本市场中投资者行为和资产价格的动态演化，将价格行为看作一个各变量相互作用的复杂非线性动力系统。

基于心理因素的研究视角是行为金融学的经典范式，代表性的模型有噪音交易模型（DSSW）、BSV 模型、过度自信模型（DHS 模型）和 HS 模型。德隆等（1990）提出的噪音交易模型在时间上早于经典的行为金融学理论，这里的噪音由布莱克（1980）引入并用于金融经济学领域的研究。噪音交易理论是基于理性预期框架的对有效市场假说理论的一次扩展，一般假定市场中存在完全理性的预期交易者，这类交易者能够准确地预判风险资产未来的价格和股息等特征，同时也知晓市场中存在噪音交易者这一事实。但由于噪音交易者的存在，使得未来的不确定性限制了理性交易者的套利行为，从而导致风险资产真实的价格不能有效地反映未来的股息等信息。如施莱费尔和萨莫斯（Shleifer & Summers, 1990）所述，噪音交易研究方法的特点在于，假设其中一部分交易者（噪音交易者）的预期形成过程会受到噪音的干扰，因此，该类交易者不能产生正确的预期。德隆等（1990）虽然假设投资者会因拥有各自不同的信息而产生信念分歧，但其模型没有给出噪音或者噪音交易者的产生机制，而只是根据信息的不同将投资者分为理性交易者和噪音交易者，并认为噪音交易者往往会对信息做出过度反应。巴韦里斯等（Barberis, 1998）受到米勒（Miller, 1977）的模型启发，从投资者心理出发探究噪音的来源。他们将保守性和代表性两种偏差引入投资的决策行为中，构建了 BSV 模型。丹尼尔等（Dianiel et al., 1998）考虑过度自信这一典型的认知偏差构建了不同形式的过度自信模型（DHS 模型），他们把投资者分为信息投资者和无信息投资者，后者不存在心理偏差，而信息投资者存在过度自信和有偏差的自我归因，该模型解释了股票收益短期动量和长期反转现象。洪和施泰因（Hong & Stein, 1999）则假设投资者可以分为观测者和动量交易者，他们通过构建相应的资产定价模型，分析了股票价格中期反应不足和长期反应过度的特征。他们对股票价格的过度波动、冲量效应以及过度反应等异象给出了解释，进一步丰富了对风险资产的价格行为规律的认识。有些学者会将理性预期、噪音交易者和上述中的具有心理特征的交易者组合并研究具有这三类交易者的市场状况。例如，张永杰等（2009）构建了一个世代交替条件下同时存在理性预期投资者、噪音交易者和代表性心理偏差的投资者（BSV 投资者）的均衡市场模型，在理性预期均衡条件下扩展了 BSV 模型，从而分析了套利限制、噪音交易风险和系统性心理偏差的互动以及三者共同作用下的资产价格动态特征。

在这类经典模型的基础上，很多学者也进行了深入的探讨（Scheinkman et al., 2003; Hong et al., 2003）。一些文献还将异质性信念和卖空限制相结合以解释股票价格相对内在价值的长期偏离，米勒（1977）在股票卖空的约束下研究交易者异质性对股票价格的影响，研究发现，交易者对股票涨跌的判断分歧越大，该只股票就越有可能被高估。值得注意的是，在该类异质性模型中所研究的均衡是瓦尔拉斯均衡概念，这不同于理性预期均衡概念，即所有市场中的投资者并没有根据市场过去的信息对未来的价格特征做出准确无误的估计。非理性投资者与套利限制的共同存在表明价格的过度波动现象并不能被理性套利者完全消除，但是如果投资者的非理性状态可以充分多样化，那么风险资产价格的过度波动程度就有可能被大大降低。

国内学者对于异质性的研究多是基于行为金融的心理因素方面的探讨。陈国进等（2008）将换手率进行趋势化处理来衡量异质信念研究了中国股市异质信念及盈余公告后价格漂移现象。陈国进和张贻军（2009）以洪和施泰因（2003）提出的异质信念模型为基础检验了异质信念与我国股市个股暴跌之间的关系，研究发现，投资者的异质信念程度与发生暴跌的可能性呈正相关。史金艳等（2009）选取中国股票市场数据将投资者异质信念程度对资产价格的影响进行了实证分析，结果发现投资者异质信念的条件波动性变量系数显著，说明投资者异质信念的波动对股市价格指数有显著的溢出效应。徐艳和谢赤（2009）认为，投资者的异质信念更能反映现实资本市场中投资者的非完全理性的真实特征，他们通过检验结果发现，投资者信念异质与大盘价格指数之间互为显著的格兰杰因果关系，说明两者存在长期均衡互动影响，并且他们的检验结果也说明中国资本市场的投资者非理性情绪和信念表现出复杂的混沌特征。张维和赵帅特（2010）认为，以预期方式为载体的不同认知偏差的互动作用是影响风险资产定价的深层原因，他们通过基于异质期望的股票收益率均衡模型解释了我国股票收益率运动中的典型现象。

基于心理因素（信念）的异质性行为金融理论研究往往从交易者的预期形成机制着手，认为市场中的一部分交易者或者全部交易者都会受到认知偏差等心理因素的影响，使得他们不能形成完全理性形式下的理性预期，从而探究这些非理性行为人的交易行为动态变化以及其对风险资产价格的影响。这类研究多是假设市场中存在代表性行为人，并且行为人具有特定的信念。与之相比，异质性行为人模型假设行为人在不同时期具有不同的预期，并且基于一定的微观基础（如局部互动、群体互动）内生了决策行为根据实际绩效转换的复杂动态。越来越多的异质性行为人模型的相关研究给出了金融时间序列的"过度波动""波动率聚集"等重要特征的解释，这对于资产价格的动态研究具有重要意义。

基于有限理性的异质性行为人模型的资产价格的研究已成为金融领域的热点议题，该领域的研究分为理论方面的研究以及基于理论模型进行相应的实证分析。理论方面，诸多学者不断完善基于异质性预期的行为人模型。布罗克和霍姆斯（Brock & Hommes, 1997、1998）基于资本市场中的"适应性信念系统"（adaptive belief system，ABS），构建了异质性行为人的资产定价模型（BH 模型）。他们认为交易者会基于历史数据等可观测的变量（如收益、绩效等），并根据简单的规则调整对未来价格的预期，通过交易者预期不断演化推断资产价格的运行状态。BH 模型表明，理性预期的交易者并不一定会驱逐有限理性的交易者，反之，这两类交易者会同时存在并且相互之间可以进行内生转换。该类模型给出了交易者预期演化的稳态分析，并且求出了异质性预期的转换条件，有效地解释了理性预期模型中不能解释的过度波动以及股票波动和交易量之间的相关性。

BH 模型实际上是理性预期定价模型的有限理性扩展，由于具有明确的解析形式而被广泛用于异质行为人模型的理论、实验和实证检验。越来越多的学者提出了各种各样的 BH 模型的扩展形式。霍姆斯（2002）通过交易者异质性预期的刻画，应用 BH 模型生成了股票价格的波动率集聚现象。布罗克等（2009）将 BH 模型拓展到多种异质性预期的交易者模型，研究以阿罗证券形式的风险资产如何进行风险对冲，并考虑其对资产价格的动态影响。霍姆斯（2005）将做市商引入到模型中，并考虑做市商机制对资产价格形成过程的影响。安图夫耶夫和潘琴科（Anufriev & Panchenko, 2009）研究不同的市场结构对模型中交易者预期转换的影响，并探究所得的资产价格的不同结果。基拉施穆克（Gerasymchuk, 2008）将前景理论中的效用函数用来描述交易者的偏好，进而建立了基于此的修正 BH 模型。

自塞曼（Zeeman, 1974）利用 HAM 分析股票市场以来，基于 HAM 的实证研究开始涌现。很多文献的实证证据基于异质性预期转换模型解释了宏观经济和资本市场的不同时间序列中所观测的波动现象。希勒（1984）建立了一个包含理性预期聪明的和普通的投资者模型，研究表明，聪明的投资者比例在 1900~1983 年不停地变化，并且一直保持在 0% ~ 50%。弗兰克尔和弗鲁特（Frankel & Froot, 1990）将 HAM 应用于外汇市场，利用调查数据研究发现，投资者的短期预期与长期预期具有完全不同的方式，并且每类投资者的占比是时变的。赖茨和韦斯特霍夫（Reitz & Westerhoff, 2003）假设技术分析者权重为常数而基本面分析者权重依赖于市场价格和基础价值的偏离，进而估计技术分析者和基本面分析者的外汇汇率转换机制。勒克斯（Lux, 2009）对模仿资产回报特征事实的行为互动的行为人模型进行了深入研究。德容等（de Jong et al., 2010）建立了动态的异质主体模型并进行了实证检验，研究发现，1979~1998年异质主体的动态转换能够显著地解释汇率的动态性。

对基于HAM的资产定价模型的实证方面的研究，阿尔法拉诺等（Alfarano et al., 2005）根据金价和股市数据估计基于行为人的羊群效应模型，验证了行为人在基本面分析和技术分析之间存在策略转换的特征。阿米隆（Amilon, 2008）通过估计经典的异质性预期转换的策略转换模型对股票价格的性质做出解释。博斯维克等（Boswijk et al., 2007）依据布罗克和霍姆斯（1998）的简化模型，应用标准普尔500指数的年度数据实证检验了具有两种异质性预期的行为资产定价模型，结果表明，美国市场在1990年之前大多数交易者倾向于基本面策略，而1990~2000年趋势跟随策略持续并导致了股价相对基础价值的偏离，基本面分析者在2000年之后重新主导市场并将股价重新拉回到价值附近。弗林斯等（Frijns et al., 2010）将异质性行为人模型应用到期权定价，经验数据表明交易者存在异质性并且信念不断发生转换。安图夫耶夫和霍姆斯（Anufriev & Hommes, 2012a、2012b）基于BH模型引入了交易者预期的启发式模型，并且应用学习—预测实验所得的数据进行了参数估计。

1.2.4 基于社会网络的资本市场的研究

在经济和社会活动中，经济行为人异质性预期的形成基于其各自的信息集，而人与人之间的交流是信息形成和传递的重要方式（Shiller, 1995）。根据希勒和庞德（Shiller & Pound, 1989）关于机构和个体投资者的调查研究，人与人之间的交流在投资者决策中起着关键作用，他们的决策很多都是受到其朋友或者熟人的影响。越来越多的国内外研究表明，社会网络在资本市场的活动中发挥着关键性的作用。随着个体信息交流的不断深入，从社会网络的微观层面探讨金融市场中交易者的行为以及其对资产价格的影响具有重要意义。

社会网络是交易者彼此沟通交流的微观基础，资本市场中的交易者会通过社会网络获取或传播信息，已有的诸多研究表明，交易者通过社会网络交流信息并对他们的行为决策产生重要影响。个体股票的选择行为往往受到其社会网络中的"社会邻居"的影响，伊夫科维奇等（Ivkovic et al., 2007）考察了个体投资者选择股票的行业状况，他们的研究认为，个体投资者选择哪一行业的股票与他们的网络邻居投资者是否也购买该行业的股票密切相关。布朗等（Brown et al., 2008）的研究表明，股票市场的参与率受到社会交流的影响，他们发现，如果一个个体的"社会邻居"有很高比例是股票市场的投资者,那么该个体将有很大的可能性参与到股票市场中。除了个体投资者,机构投资者也会通过社会交流相互影响,从而导致投资行为的相似性。安斯瓦尔德(Arnswald, 2001)通过研究德国的基金经理行为发现,通过社会网络的口头对话以及来自媒体的报告是影响他们投资决策的首要因素,而与其他金融或者行业专家的信息交流是第二重要的影响因子。洪等(Hong et al., 2005)研究了美国市场的机构投资者行为,发现基于社会网络的信息交流会影响着他们的决策,研究表明,社会交流也是机构投资者彼此传递信息的基础,从而导致他们投资行为的相似性。科恩等(Cohen et al., 2008)研究发现,与上市公司的高管通过校友网络连接的公共基金经理通常有较好的收益,说明一些信息通过校友连接的投资者网络进行传播,从而影响了这些基金经理的投资决策。肖欣荣等(2012)通过对我国金融市场的研究发现,信息通过投资者网络进行传播,并影响着基金经理的投资行为。普尔等(Pool et al., 2015)的进一步研究发现,通过社会网络相连的基金经理的持有和交易行为较为相似,他们的结果区分了社会互动和社区效应,这一区分说明正是基金经理的"社会邻居"影响了他们的行为。申宇等(2015)构建了我国证券市场的校友关系网络,他们的研究表明,校友关系能够为基金经理带来正的业绩。

家庭的投资决策同样受到来自社会网络的交流的影响。迪弗洛和塞斯(Duflo & Saez, 2002)的关于退休基金项目的研究表明,如果同一个公司的其他同事加入了投资退休计划,那么更多的同事也会被吸引并加入该计划。洪等(Hong et al., 2004)就美国密歇根大学健康和退休数据进行研究,发现那些与邻居交流并且参加每周教堂礼拜的家庭成员会增加他们在股票市场的家庭投资,说明这些成员很有可能是受到同样参与股市投资的邻居的影响。李涛(2006)对我国国内的居民调查数据进行研究,其结果同样表明社会互动推动了居民参与股市的程度。周铭山等(2011)依据社会互动推动家庭股市参与不同机制的理论基础,进一步探究了不同的股市参与机制。他们发现,在局部品支出比例高、收入分布集中度高的区域,社会互动推动股市参与的作用更显著。夏夫(Shive, 2010)的研究表明,基于社会网络的社会信息交流与互动也会通过影响交易者的交易行为进而影响股票的价格与收益。

上述文章都是从实证分析的角度证明社会互动对投资者行为和资产价格存在重要影响,一些文章通过构建考虑交易者社会互动的理论模型,初步探讨了交易者之间的社会互动如何影响他们的预期决策以及资产价格。科曼(Kirman, 1993)所构建的蚂蚁招募模型,从投资者社会互动的角度解释了资本市场上的羊群行为。随后勒克斯(1995)将交易者看成有限理性的异质性的彼此相互影响的个体,应用概率的方法有效地刻画了资本市场中乐观和悲观预期交易者的形成和转换机制。该研究合理地描述了市场中的羊群行为，并将股票价格泡沫的出现解释为一个交易者之间的相互传染的自组织过程。卡伊佐治（Kaizoji, 2000）应用 Ising 模型刻画出交易者的行为趋向如何受其他交易者投资态度的影响，并且解释了股票市场中价格泡沫与崩溃现象的状态转换。孔特和包查德（Cont & Bouchaud, 2000）使用随机交流结构描述市场参与者之间的互动，发现社会互动可以导致总需求的大的波动，进而导致股票收益的厚尾分布。张（Chang, 2007、2012）在布罗克和霍姆斯（1998）的框架下，考察具有异质信念的投资者之间的社会互动对价格的动态变化。还有一些基于异质性预期理论的研究表明，不同预期的交易者相互交流并且依据简单的行为准则决定交易策略，从而内生了资产价格的动态变化（Day, et al., 1990; Chiarella, 1992）。这几篇文章虽然构建了社会互动影响投资者行为与资产价格变化的机制，但是这些研究并不以真实世界的网络结构为基础。例如，在科曼（1993）和勒克斯（1995）的经典模型中，交易者之间的互动影响对于同一状态下的所有交易者都是相同的，或者也可以理解为他们所刻画的社会互动是完全连接网络意义下的相同影响。类似地，张（Zhang, 2007、2012）也没有考虑交易者所处的网络结构的不同所导致的互动影响。有些文章虽然建立了互动结构，但这种结构往往限于简单的网络结构，例如，孔特和包查德（2000）所使用的随机结构。社会互动基于认识发生，而这样的认识严格依赖于社会网络结构而产生。

社会网络从个体层面构建了交易者之间相互影响的微观机制，而网络结构在其中发挥着关键性作用。越来越多的学者着眼于社会网络的理论模型，探究网络结构对交易者行为以及资产价格的影响机制。近年来，有几篇文献基于理性预期均衡的框架推导出网络结构对交易者行为与资产价格的重要作用。科拉和米尔（Colla & Mele, 2010）考察了一个周期性的社会网络，他们发现，在网络中距离较近的交易者的交易关系具有正向关联，而对于那些距离较远的交易者具有负向的交易关系。厄兹索伊列夫和瓦尔登（Ozsoylev & Walden, 2011）有效地刻画了资本市场中交易者的信息网络，并基于理性预期均衡理论推导出了资产价格的显示表达式。他们的研究表明，当信息外生时，社会交流提高了市场有效性，并且说明风险资产的价格及波动率是信息网络结构的函数。厄兹索伊列夫等（Ozsoylev et al., 2014）的实证研究进一步验证交易者通过社会网络进行交流以及信息传递的事实，并且这一互动显著地影响了风险资产的价格。韩和杨（Han & Yang, 2013）进一步完善厄兹索伊列夫和瓦尔登（2011）关于信息通过社会网络传递的研究，分析交易者通过社会网络的信息获取对资产价格的影响机制。他们的研究表明，无论内生还是外生的信息都对资产的市场出清价格产生重要影响，当信息为经济系统内生时，社会网络对市场的作用正好与信息外生时的作用相反，这是因为社会网络对知识的生成具有负效应。此外，他们还推导了社会网络的引入对市场变量如资本成本、市场流动性和交易者福利的影响。

近些年来，少量的几篇文章基于交易者有限理性和异质性预期的假设，建立社会网络的结构模型并探究社会网络结构与资产价格的影响关系。阿尔弗雷多和米拉科维奇（Alfarano & Milakovic, 2009）将科曼–勒克斯（Kirman-Lux）的模型扩展到包含考虑社会网络结构的情景，研究了社会网络结构下的价格动态。巴克等（Bakker et al., 2010）所建立的交易者之间的社会互信网络表明，人与人的信任网络可以在很大程度上降低市场的不稳定性。社会网络是形成社会互动的基础，高的集聚性和较短的路径是社会网络所具有的主要特征[①]。基于社会网络的信息交流，海恩等（Hein et al., 2012）模拟分析发现，价格的波动受到网络结构的影响，当网络中心化程度较高时，价格波动也会相应升高。潘琴科等（Panchenko et al., 2013）是考虑交易者异质性预期和社会网络结构最为典型的研究者之一，其从模型的角度探究了网络结构的重要性并发现网络结构是股票价格波动的重要影响因素。潘琴科等构建了考虑社会互动的交易者异质性预期模型，将异质性行为人的资产定价模型拓展到了社会网络交流的领域，市场中的交易者根据他们的绩效表现形成并转换对未来价格的信念，而他们的绩效信息不仅受到交易者自己的经验影响，而且受到社会网络中与他们直接相连的其他交易者的影响。其研究考虑四种不同的网络结构：完全网络、正则网络、小世界网络和随机网络，分析结果表明，这几种社会网络的结构都会影响股票动态价格的稳定性。

涉及网络结构的另一类研究领域是关注众多的人工智能个体的互动对资产价格的影响。这类研究侧重于人工股票市场的构建与交易者的行为刻画，最为著名的是圣塔菲人工股票市场（Arthur et al., 1997; Ehrentreich, 2006）以及陈和叶（Chen & Yeh, 2001）的异质性交易者模型。这类模型最大的优势在于，能够灵活地刻画大规模资本市场中的众多交易者的行为变化，内生演化交易者的异质性预期和股票价格的动态过程，从而真实地模拟出现实的股票市场。然而由于模型的复杂性，这类模型往往不能得出资产价格的显示解以及解析分析。这类研究属于多智能体的研究领域，更侧重于微观个体的互动行为以及对资产价格的动态和统计性质的分析（Iori, 2002）。基于 BH 模型的数值算法方面的研究也可以看作人工股票市场的实现，例如，霍姆斯和勒克斯（2013）基于异质互动的经济行为人个体的微观结构研究宏观市场的现象。他们构建了个体交易者预期的基因算法，并

[①] 社会网络还具有幂律分布的特点，更多的关于社会网络的特性可参看杰克逊（Jackson, 2008），本书在第 2 章也将重点介绍部分社会网络的知识。

合理地解释了宏观市场价格波动的所有典型现象，同时对霍姆斯等（2007）的实验个体数据的预测行为给出了验证结果。

1.3 研究思路、研究方法及创新点

1.3.1 研究思路和研究方法

经济行为人的预期与价格的关系研究由来已久，随着个体有限理性假说的发展，异质性预期与资产价格的研究已成为当今经济金融领域的研究热点。然而交易者异质性预期的形成不仅源于其自身的认知能力和心理因素，还取决于他们所获取的信息集。诸多研究表明，社会网络影响着市场投资者的行为决策，是他们获取信息的重要途径。因此，本书基于社会网络构建资本市场中的信息交流网络，并探究互动的交易者异质性预期的转换以及资产价格的动态演化机制。

本书认为，资本市场中的交易者基于社会网络的信息交流是他们获取信息的重要途径，由于所处的网络结构不同，交易者通过与其邻居交易者交流所获取的信息异同不一，从而形成了他们对未来价格的异质性预期。交易者是有限理性的，他们根据所形成的异质性预期做出是否交易的行为决策，并因此导致市场需求的变化，决定着资产价格的形成机制。考虑到资产价格对交易者交流的反馈作用，本书构建了资本市场的社会交流、交易者预期和资产价格的非线性系统，形成了异质性预期的内生转换和资产价格动态演化过程。

资本市场是一个非线性的复杂自适应经济系统，复杂性和自适应性是该系统的两个基本特征。其中，复杂性主要表现在交易者异质性预期的微观个体化和股票收益对信息影响力的非线性反馈；自适应性表现在资本市场中异质性预期、交易者行为和资产价格等各个经济变量的自我实现。应用离散状态的马尔科夫过程，本书刻画了每一时刻每一个交易者的预期概率状态，给出了异质性预期形成与转换的微观基础。基于资本市场的内生自适应系统，本书应用动力学的复杂系统理论对资本市场进行稳态分析，并通过复杂性科学的研究与分析，得出了资本市场形成稳定状态的条件以及资产价格的自我实现的机制，这些条件都严格依赖于市场中交易者之间的信息影响力和他们所形成的社会网络的网络结构。资产价格是自我实现的并且不断进行自我强化，主要表现为股票价格的大幅上涨往往会带动下一时期或者之后一段时期内的继续上涨，而价格的下跌会带动价格下一时期或者之后一段时期内的持续下降。通过解析分析，可以得出股票价格实现正向或者负向自我强化过程的条件：价格的真实动态行为和交易者预期的价格行为。基于小世界社会网络模型，本书应用基于 Agent 的复杂系统仿真模拟了资产价格的动

态演化,并将价格泡沫的形成与破灭过程解释为价格的正向和负向自我强化交替出现的动态演化。

虑到交易者交流的不确定性,本书在上述市场复杂系统的基础上进一步探究基于交易者的随机信息交流网络,并应用随机过程的理论研究市场中交易者的随机信息交流对资产价格及波动的影响。最后,基于异质性行为人的资产定价模型,本书建立价格比现金流偏差和基本面分析者比例的计量回归模型。应用非线性最小二乘法(NLLS)估计相应的模型参数,实证检验我国资本市场存在行为异质性的存在性。分析结果合理解释了 2008 年前后我国股票市场大幅波动:2008 年之前,趋势追随者主导市场,价格不断强化并持续偏离基本面,股票价格大幅上升;当股票价格出现逆转,投资者从趋势追随转变为基本面分析策略,促使价格回归基础价值,股票价格持续下跌。

1.3.2 创新点

交易者之间的信息交流与互动是资本市场异质性预期形成的重要决定因素,从社会网络的角度刻画市场中交易者的互动关系并探究交易者的异质性与资产价格动态是一个新的研究视角。全书的创新点主要表现为以下四个方面。

(1)基于资本市场的社会网络构建了社会交流、异质性预期与资产价格的非线性复杂系统。已有的基于社会网络的异质性预期与资产价格的研究较少,并且这些研究多限于模型的模拟研究,缺少关于社会网络、预期和价格的形成与动态演化的相互作用理论分析。本书应用动力系统的相关理论,不仅对基于社会网络的信息交流、交易者预期与资产价格动态进行建模,还通过理论分析得到了如下两点创新性结论。第一,定义资本市场的稳定状态为市场不再产生新的需求的状态,此时的资产价格称为稳态价格。本书分析得到稳态价格与社会网络的结构和交易者之间的信息影响力有关,并且资产价格运动变化(上升或者下降)的条件取决于稳态价格与当前价格的相对大小关系。第二,分析得到资产价格实现自我强化机制的条件:价格的真实动态行为和交易者预期的价格行为。即如果股票价格的真实运动表现为趋势上升,且市场中的交易者预期市场利好,那么资产价格将实现正向的自我强化过程;反之,如果股票价格的真实动态变化表现为趋势下降,且市场中的交易者预期价格也呈现下降趋势,那么资产价格将实现负向的自我强化过程。

(2)基于小世界网络构建了资本市场交易者的信息交流结构,并通过基于 Agent 的仿真技术数值模拟出价格的动态过程。将价格泡沫的产生与破灭过程解释为资产价格的正向和负自我强化交替出现的动态过程,并且价格正向的自我强化的强度越强，价格泡沫越大；价格负向自我强化的强度越大，价格的下跌越剧烈。

（3）理论证明了资产价格是信息共享度的函数，并且交流的随机性是价格波动的重要影响因素。当信息共享度较高时，随机的信息交流将增加风险资产价格的波动率，当信息共享度较低时将降低价格的波动率。

（4）应用异质性行为人的资产定价模型对我国资本市场进行了异质性行为的实证检验。检验结果表明，我国资本市场存在两种策略类型的交易者：基本面分析策略和趋势分析策略，并且基于交易者策略的内生转换给出了 2008 年前后我国资本市场大幅波动的合理解释。

1.4 研究内容和结构安排

全书基于资本市场中交易者所形成的社会网络，从经济个体的微观层面探究互动的交易者的异质性预期转换以及资产价格的动态行为。本章是全书的导论部分，引出本书的研究背景，并从交易者预期的角度梳理叙述所涉及的研究文献，其他章节的研究内容如下。

第 2 章是全书的基础章节，给出了交易者进行信息交流的社会网络基础。该章主要介绍了网络相关的基础知识与应用背景，给出网络表示、拓扑性质、邻居和度、平均路径长度、直径和网络密度、集聚性和聚类系数以及网络的谱半径等基本概念。详细介绍了四种重要的网络结构模型：正则网络模型、随机网络模型、小世界网络模型和无标度网络模型，并给出了随机网络模型、小世界网络模型和无标度网络模型这三种网络模型的构造的一般算法。最后，对社会网络中的经典传播模型：SI 模型、SIS 模型和 SIR 模型进行了详细的讨论，并进行了简单的稳定状态分析。

第 3 章是交易者异质性预期与资产价格均衡模型的构建。该章借鉴网络中经典的 SIS 传染模型，构建了社会交流、交易者预期与股票价格所组成的非线性复杂系统，介绍了交易者信息交流的社会网络基础和经典的预期类型。基于交易者的有限理性假设，我们应用马尔科夫过程描述市场中交易者的异质性预期状态的形成与内生转换的变化过程，并给出了市场均衡价格的形成机制。最后，考虑价格收益对交易者信息影响力的反馈作用，资本市场形成了自适应复杂的经济系统。

第 4 章是在第 3 章所构建的社会交流、交易者预期与股票价格形成的非线性系统的基础上对价格动态进行相应的理论分析。该章在资本市场自适应系统的框架下，深入讨论股票价格的动态行为，并对价格的动态运动与自我实现机制进行重点分析。我们给出资本市场形成稳定状态的定义，通过动力系统学的理论分析，给出了股票价格动态变化（上升或者下降）的条件，并基于该条件与社会网络结构对价格实现的自我强化特性做了重点讨论。

第 5 章是对资本市场自适应系统的数值分析。基于第 4 章的理论分析，我们以瓦茨和斯托加茨（Watts & Strogatz, 1998）提出的小世界网络为基础数值讨论资本市场中的交易者预期、交易者行为和股票的动态价格，并对股票价格的动态自我强化过程和股票泡沫的产生与破灭过程的实现机理进行了重点分析。数值模拟方法选取基于 Agent 的复杂系统仿真技术，并应用 MATLAB 软件进行相应的模拟仿真。

第 6 章是对前几章的外生给定的社会网络的随机扩展，基于随机信息交流网络探究网络结构以及波动性的影响。我们应用带噪音的理性预期均衡模型，推导考虑资本市场中交易者之间随机信息交流的资产价格表达式。研究发现，资产价格是信息共享度的函数，并且信息交流的随机性是影响资产价格波动的重要因素。

第 7 章是全书的应用章节，该章将异质性行为人的资产定价模型（HAM）应用到对我国资本市场的实证研究中。我们基于布罗克和霍姆斯（1997，1998）所提出的异质性预期演化的理论框架刻画资本市场中投资者行为和资产价格的动态演化。基于 WIND 咨询客户端的数据库，分别根据 2005 年 4 月至 2015 年 12 月的沪深 300 指数和 2002 年 1 月至 2015 年 12 月的上证指数的月度相关数据对 HAM 的价格比现金流模型进行实证检验，并合理解释了 2008 年前后我国股票市场的大幅波动现象。

第 8 章是全书的总结，该章给出了本书的主要结论以及研究的不足，并展望社会网络与经济金融研究相结合的前景。

全书研究的逻辑结构如图 1.1 所示。

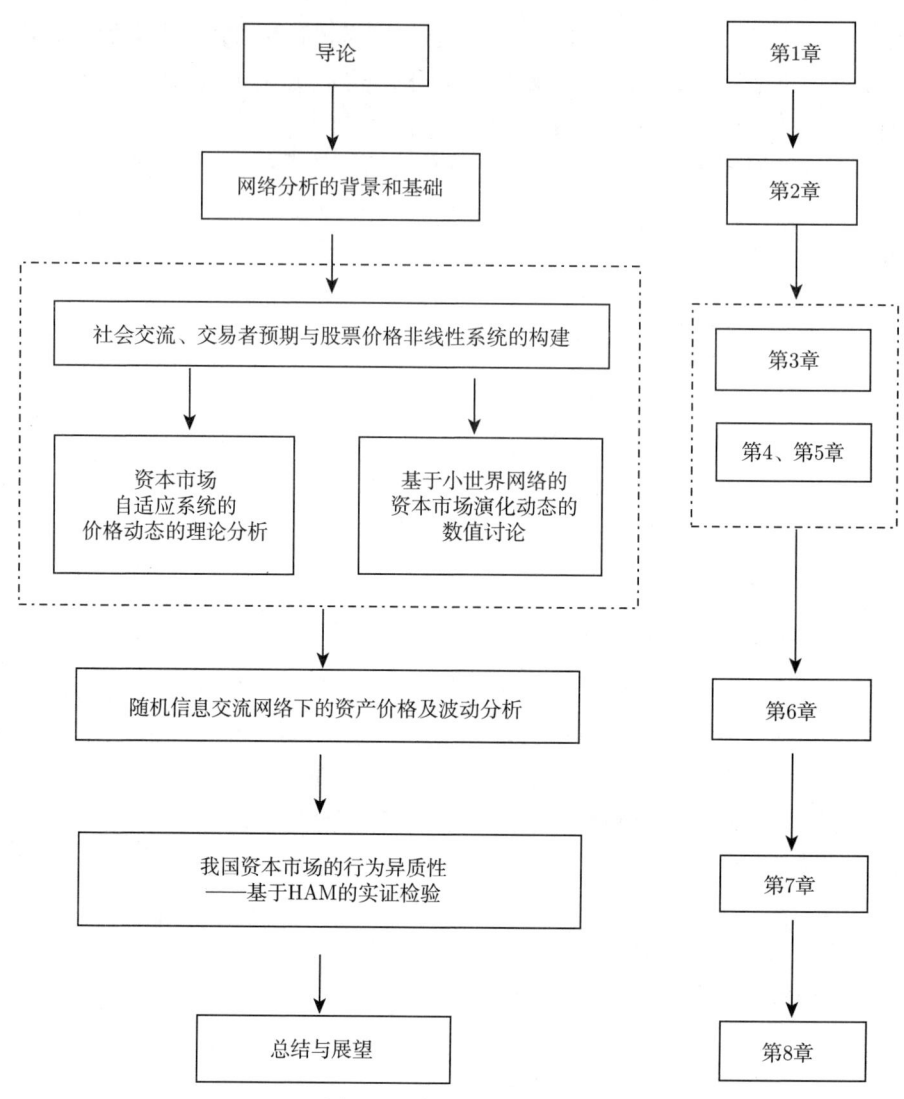

图 1.1　本书的逻辑架构

第2章 网络分析的背景和基础

网络在人们的日常生活中发挥着重要的作用，是我们从事社会与经济活动的重要基础。在现实生活中，社会网络已发展成为人与人之间传递工作机会、知识、服务、贸易等信息的重要载体。社会网络是发展中国家相互制保险的制定基础，并且在病毒疾病传播、商品买卖、竞争选举、教育等各个领域影响着我们的行为。网络这些多种多样的角色迫使我们必须了解其结构与特征，了解网络结构如何影响人们的行为。经济体系作为一个复杂系统，反映了众多不用的经济主体之间的动态互动和联系。本章给出社会与经济网络中的基本概念以及主要的网络模型与应用。

2.1 网络的表示与拓扑性质

本小节给出了网络的描述、度量、刻画的一些基本表示和方法，以及作为网络研究基础的一些基本概念和定义。这些概念和定义主要参照组合数学中图论的相关定义，但同样适用于社会与经济网络的研究范式。

2.1.1 图和网络

设集合 $N = \{1, \cdots, n\}$ 表示关系网络中所涉及的节点集合。节点可以称为"顶点""个体""行为人"等，这根据具体的研究情景而定。值得强调的是，这些节点可以是经济行为人、公司、国家或者其他形式的组织。

一个图 (N, g) 是由节点以及节点之间的连接组成，这种连接可以是任意的，也可以根据具体的需求定义连接。按照图论中图连接的属性，网络一般分为无向网络和有向网络。无向图是指节点与节点的连接是对称的，而有向图是节点之间的不对称连接。有向网络和无向网络之间的区别并不仅是技术上的不同，更多的是分析研究基础的不同，具体到建模和应用时有向图和无向图完全是不同的考虑。在本书的研究中，我们考虑的是无向网络。

网络 (N, g) 可以由一个 $m \times m$ 的实值矩阵 g 表示，其中，g_{ij} 表示节点 i 和节点 j 之间的联系，称该矩阵 g 为邻接矩阵（Adjacency matrix），它列出了彼此连接的节点或者互相邻接的节点之间的关系[①]。实值矩阵 g 的各项取值 g_{ij} 可以是 1，也可以是大于 2 的值，在取大于 2 的值的时候并且表示关系强度的情况下，这样的图可以称为权重图。否则，g_{ij} 的规范取值是 0 或者 1，这表示无权重图。下面提到的网络也都是无权重网络，即只将节点之间的连接赋予 0 或者 1。对于节点的集合数 N，如果不考虑增长型的网络，我们通常假设 N 是固定的或者外生给定的。

通常，用邻接矩阵 g 表示网络。例如，图 2.1所示的 5 个节点的简单网络 (N, g) 的邻接矩阵可以表示为：

$$\begin{pmatrix} 0 & 1 & 0 & 0 & 1 \\ 1 & 0 & 1 & 0 & 1 \\ 0 & 1 & 0 & 1 & 0 \\ 0 & 0 & 1 & 0 & 1 \\ 1 & 1 & 0 & 1 & 0 \end{pmatrix}$$

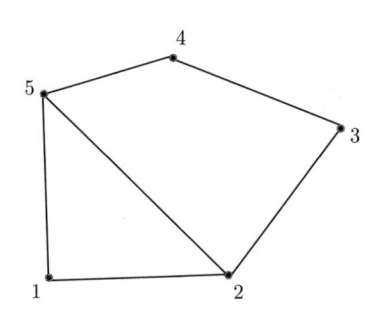

图 2.1　5 个节点的简单网络

如图 2.1所示，该图表示了 5 个节点的简单网络。其中，节点 1 和节点 3、节点 4 之间没有连接，但与节点 2 和节点 5 分别有一条连接；节点 2 与节点 4 没有连接，但与节点 1、节点 3 和节点 5 分别有一条连接；而节点 3 与节点 2 和节点 4 分别存在一条连接，与其他节点没有连接；节点 4 的连接与节点 3 类似，只存在于节点 3 和节点 5 的两条连接；节点 5 不和节点 3 相连，与其他几个节点

[①] 存在更一般的图的结构来表示不同节点之间可能的多种关系，例如朋友、亲戚、合作者等不同社会属性的连接。这种网络通常称为复合网络，节点与节点之间往往具有多重的关系连接，具体可参见帕杰和沃德斯（Page & Wooders, 2005）更一般的描述。

都分别有一条连接。无向图中的连接称为边，有向图中的连接通常称为弧。自我连接通常不具有实际意义，因此，本书假定对于所有的节点 i 有 $g_{ii}=0$。从简单图的性质可以看出节点 2 和节点 5 具有某种程度的相似性，而节点 3、节点 4 和节点 1 也具有某种程度的相似性，它们的连接个数相等，也即下面我们将要引入的节点的邻居和度的概念。

2.1.2 邻居和度

一个节点 i 的邻居（neighborhood）是指节点 i 的所有连接的节点的集合①，即：

$$N_i(g) = \{j : g_{ij} = 1\}$$

在节点组成的集合 S 给定的条件下，定义集合 S 的邻居为其各个节点的邻居的并集，即：

$$N_S(g) = \cup_{i \in S} N_i(g) = \{j : \exists i \in S, g_{ij} = 1\}$$

类似地，可以考虑节点的间接邻居（2 步邻居，two-neighborhoods），这是指节点通过不超过 2 步相连的节点的集合，即：

$$N_i^2(g) = N_i(g) \cup (\cup_{j \in N_i(g)} N_j(g))$$

以此类推，节点的 k 步邻居（k-neighborhoods）为不超过 k 步所到达的所有节点的集合，可以定义为：

$$N_i^k(g) = N_i(g) \cup (\cup_{j \in N_i(g)} N_j^{k-1}(g))$$

基于网络的邻居给出度的定义，即在无向网络中，节点 i 的度定义为与该节点直接相连的边的个数，也即节点 i 的邻居个数，可表示为：

$$d_i = \sharp\{j | j \in N_i(g)\}$$

网络中节点的度是刻画网络中节点属性的重要概念之一，它能较为直观地反映出一个节点的重要程度。值得说明的是，上述所定义的度是无向网络中的含义，而在有向网络中，一个节点的度分为出度和入度，分别对应节点与其他节点的向外连接和其他节点与该节点的连接属性。由于本书只考虑无向网络的情形，故对于有向网络中度的含义不再赘述，之后所提到的网络也均指无向网络。

---

① 节点 i 是否算作节点 i 自己的邻居取决于是否允许 $g_{ii}=1$，我们这里假定 $g_{ii}=0$，因此，节点 i 一般不认为是 i 的邻居。

2.1.3 网络的特征值和谱半径

网络的谱是网络结构的全局属性，谱半径的概念基于网络的特征值，故我们先给出网络的特征值的定义。给定 $n \times n$ 的矩阵 T，特征向量 v 是一个非零向量，它使得对于某个数 λ，满足以下公式：

$$Tv = \lambda v \tag{2.1}$$

其中，λ 记为特征向量 v 的特征值。一般而言，求解一个矩阵的特征值和相应的特征向量可以有很多不同的方法，相应的计算基本上等同于解一个线性方程组。如果知道 λ，那么式（2.1）是具有 n 个未知数的 n 个方程组。基于矩阵的特征值，一个网络的特征值则是该网络所对应的邻接矩阵的特征值。

基于网络的特征值，可以定义网络的谱半径，即一个社会网络的谱半径为 $\rho_A = \max\{|\lambda_i|, i = 1, 2, \cdots, n\}$，其中，$\lambda_i$ 为网络的邻接矩阵 $(A_{ij})_{n \times n}$ 的特征值。谱半径是一个网络的结构属性，关系着网络上的传播等重要问题。在第 4 章的分析中，我们将看到网络的谱半径对于信息的传播与共享具有重要作用。

除上述网络的性质外，还有度量网络的中心性等其他指标，但由于本书未涉及相关内容的探讨与研究，更多衡量网络性质的指标不再一一赘述。

2.1.4 度分布

网络是节点与节点之间的连接所构成的，有连接才有网络，因此，一个节点与其他多少个节点相连是网络的重要性质。前述已经给出节点度的定义，接下来我们可以讨论整个网络的度的性质。

首先，我们可以很容易地计算网络的平均度（average degree），即网络中所有节点的度的平均值，记为：

$$<k> = \frac{1}{N} \sum_{i=1}^{n} d_i$$

其次，按照节点的度的大小将节点的度按照从小到大的顺序排列，可以统计得到度为 k 的节点占整个网络中总节点的度数的比例，记为 P_k。从统计学的角度讲，这就是度分布（degree distribution）的概念，即可以理解为网络中随机选取的一个节点的度为 k 的概率。对于有向网络中，度分布还可以分为入度分布（in-degree distribution）和出度分布（out-degree distribution），分别对应节点的入度个数和出度个数对应的相关选取概率。

一个网络的度分布是对网络中拥有不同度的各个节点的相对频率的恰当描述，此处我们只概括性地介绍网络科学的研究中最重要的两个度分布：泊松分布和幂律分布。网络中的泊松分布是指任意给定节点 i，该节点严格拥有 k 条连接的概率，可近似为泊松分布，即：

$$P(k) \sim \frac{e^{-(n-1)p}((n-1)p)^k}{k!}$$

其中，p 表示节点 i 和节点 j 之间的每条连接所生成的概率。

类似地，网络中节点度的幂律分布可表示为：

$$P(k) \sim ck^{-\alpha}, \quad c > 0$$

与泊松分布不同，幂律分布具有肥尾（fat tails）特征，这意味着和连接独立地形成并遵循泊松分布的度分布相比较，大多数的节点具有很小的度，而只有个别节点具有较大的度。由于固定相对比率的度的相对概率与节点的度的标度没有关系，故幂律分布也称为无标度分布（scale-free distribution）。

根据网络中节点的度分布，我们可以将网络分为均匀网络（homogeneous network）和非均匀网络（inhomogeneous network），后者也可称为异质网络（heterogeneous network）。一个网络中所有节点的度都集中在某个值附近，则该网络称为均匀网络；相反地，若网络中既存在相对较大的度的节点，也存在相对较小的度的节点，即网络中节点的度的值分布不均等，则该网络称为异质网络。下面我们所构建的资本市场中交易者的社会网络实际上属于异质网络，即体现在交易者所处的网络结构的异质性。

2.2 网络结构模型

要了解网络中的个体行为就需要深入探讨网络结构与网络行为之间的关系，这要求我们对现实社会中的网络结构具有全面的认识，从而基于此建立合理的网络结构模型。但实际上，每一个给定的实际系统都具有复杂的网络结构，根据不同的应用背景，网络科学的相关研究提出了多种网络结构模型。本小节根据通用的结构特征进行归类，主要介绍以下四类网络结构模型，即正则网络模型、随机网络模型、小世界网络模型和无标度网络模型。

2.2.1 规则网络模型

直至 20 世纪末，网络结构方面的研究基本上存在两个极端的假设：完全规则的网络结构和完全随机的拓扑结构。规则网络是我们所能理解的最为简单的网络模型。一个规则（正则）网络（regular network）是指，网络中所有的节点具有相同的度，即对于给定的度为 k 的度分布有：

$$P(k)=1, P(d)=0, d\neq k$$

当网络中的每一个节点 i 与其他节点 $i\neq j$ 之间都有边相连时，即 $g_{ij}=1$，称该网络为完全网络。可以看出，完全网络是规则网络的一种特殊情况，即所有的节点的度均为 $N-1$。

规则网络模型是最为简单的网络模型，除早期的网络研究外，现在的实际应用研究很少再假设网络是一个规则网络。但是规则网络往往作为构造其他网络模型的基础，下面介绍小世界网络模型时，我们将看到基于规则网络构造模型的重要作用。

2.2.2 随机网络模型

随机网络是与完全规则网络相对应的网络，最为经典的随机网络模型是鄂尔多斯和瑞尼（Erdös & Renyi, 1959、1960）提出的 ER 随机图模型。ER 随机图易于描述并且可以通过解析方法进行分析，自被提出以来，ER 随机图的相关理论也一直被奉为研究复杂网络拓扑结构的基本理论。以下我们给出这一模型生成的一个关键机制。

设存在一个由 $N=\{1,2,\cdots,n\}$ 个节点构成的集合，节点 i 和节点 j 之间的每条连接以外生给定的概率 p 生成，并且假设各条连接之间的生成是相互独立的，$0<p<1$。这样构成的网络结构的连接将以一个二项式模型为基础，如果 $n=3$，那么一个完全网络形成的概率为 p^3，有两条连接存在的任意一个给定的网络（存在三个两条连接的网络）形成的概率为 $p^2(1-p)$，有一条连接存在的任意一个给定的网络形成的概率为 $p(1-p)^2$，而没有连接形成的三个独立点的网络的概率为 $(1-p)^3$。据此推广，在连接生成的过程中，任何 n 个节点上有 m 条连接的个数的给定网络所形成的概率为：

$$p^m(1-p)^{C_n^{n-1}-m}$$

换一种角度，ER 随机图模型可以看作从具有 n 个节点以及它们的相连的 m 条边中完全随机地选取出来所构成的随机图。

基于随机网络模型可以计算任意给定节点的度分布。给定网络中的节点 i，该节点严格拥有 k 条连接的概率为：

$$C_{n-1}^k p^k (1-p)^{n-1-k} \tag{2.2}$$

其中，当 n 变大时，任何两个节点的相关性接近于 0，于是网络中有 k 条连接的节点的比例将逼近于式（2.2）。而对于较大的 n 和较小的 p，式（2.2）近似于泊松分布，即网络中有 k 条连接的节点的百分率近似为：

$$P(k) \sim \frac{e^{-(n-1)p}((n-1)p)^k}{k!}$$

从以上的讨论中可以看出，在给定的度分布近似为泊松分布的前提条件下，并且每条连接以相等的概率独立形成，那么这样生成的随机网络称为泊松随机网络。

2.2.3 小世界网络模型

小世界网络模型是基于社会网络的"小世界"特征提出的，关于社会网络的"小世界"特征结构的验证我们将在第 4 章详细介绍。本章我们先介绍几个经典的小世界网络模型。

最为经典的小世界网络模型当属瓦茨和斯托加茨（1998）所构建的小世界网络（Watts-Strongatz, WS）。WS 小世界网络完整性地构造了拥有"小世界现象"特征性质的网络，并称它们为"小世界网络"（small world network）。值得注意的是，现在的小世界网络并不单纯地指该文中提出的网络，一般地，可以认为具有"小世界"特征结构性质的网络都可称为"小世界网络"。

WS 小世界网络的构造依赖于规则网络和随机网络模型的共同特性。对于规则网络，任意两个节点之间的特征路径长度较长，聚类系数相对较高。而对于随机网络，任意两个节点之间的特征路径长度较短，但聚类系数也会相对较低。WS 小世界网络的构造机制则是基于规则网络通过随机地将相对少的节点的连接重新连接，从而构建一个有更小的直径但仍然显示出很大的集群性的网络。他们所构造出的小世界网络，点与点之间特征路径长度较小，接近于随机网络，而聚类系数却比较高，接近于规则网络。

瓦茨和斯托加茨（1998）之后，考虑不同节点属性的各种各样的小世界网络模型相继被提出（Kleinberg, 2000; Watts et al., 2002）。小世界网络模型被赋予了更多的社会属性，使之能够更加精确地描述社会中个体与个体的连接关系。

2.2.4 无标度网络模型

ER 随机图和小世界网络模型虽然较好地刻画了网络的特征，但是这些都是静态特征。巴拉巴和艾伯特（Barabási & Albert, 1999）研究指出，ER 随机网络和小世界网络的构建都忽视了网络的两个重要特性：增长特性（growth）和优先连接依附特性（preferential attachment）。

（1）增长特性。即随着网络中的节点不断增大，网络规模是不断扩大的。例如，世界万维网（WWW）每天都会有新的网页产生，社会中的每个人每天都可能和一个陌生人成为新的朋友。

（2）优先连接依附特性：即新加入的节点更倾向于与那些度更高的中心节点相连接。这种现象在现实社会中是普遍存在的，即为"马太效应"(Matthew effect)或者"富者更富"(rich get richer)。例如，一篇新发表的文章总是更倾向于引用那些引用率已经很高的文献作为参考文献。

基于增长特性和优先连接依附特性两个网络生成的特性，巴拉巴和艾伯特（1999）提出了 BA 无标度网络模型，该网络模型的一个显著特点就是节点的度分布具有幂律分布的特征。事实上，巴拉巴小组的很多研究都表明现实生活中的网络服从幂律分布，他们于 1999 年发表在《自然》杂志的通讯文章表明，互联网（WWW）的出度分布和入度分布不同于泊松分布，而是服从幂律分布（Albert et al., 1999）紧接着，该小组在《科学》杂志上发表文章指出，现实生活中许多实际网络也都服从幂律分布，包括电影演员网络和电力网络等（Barabási & Albert, 1999）。该文章还给出了网络上幂律度分布产生的两个基本机制，并建立了无标度的网络模型。

WS 小世界网络模型和 BA 无标度网络模型的提出和研究是 20 世纪末网络科学研究取得的两个标志性的伟大进展。两项工作揭示了现实世界中网络的共性特征，WS 小世界网络有效地刻画了是实际网络中具有的小世界和聚类特征，而 BA 网络则真实地描述了实际网络的幂律度分布特征。

2.3 网络传播

在真实的社会网络中，网络上的传播行为受到广泛关注。这种传播行为通过网络得以扩散、发展，对人民的日常生活造成重要影响。网络传播的典型事例包括：社会网络中疾病的传播、社会网络中的舆情传播、经济金融网络中的危机传播等。

（1）社会网络中的疾病传播。疾病具有快速传播的特质，而社会中人与人构成的社会网络则成为疾病尤其是传染病传播的基础。疾病基于社会网络的传播在人类的发展历史中一直存在，并且随着近些年的交通运输等网络化进程的不断加快，疾病在社会网络上的传播与扩散速度也在一定程度上大大加快。经典的社会网络中的疾病传播实例常见于人类社会的公共卫生事件中，例如，2003 年的"非典"事件、2019 年底爆发的新冠肺炎疫情等公共卫生事件。

（2）社会网络中的信息传播。人与人连接所构成的社会网络不仅是疾病传播的基础，更是观点、留言以及其他信息的重要传播途径。近年来，随着在线社交网络的兴起，如微博、微信、QQ 等在线聊天工具以及各种在线的社区等。这些现代化社交平台的发展扩大了社会网络本身的规模，使得基于社会网络的信息更加迅速地传播。例如，由于微博的实时性特征，使得微博上的消息以出乎意料的速度传播。

（3）经济网络中的危机传播。随着经济全球化的进程不断加快，国与国之间的经济贸易等联系愈发紧密，全球范围内的经济社会网络正在逐步形成。然而，经济网络给各国带来经济发展的同时也可能使得局部的经济危机得以扩散蔓延，尤为典型的实例就是 2008 年的全球金融危机。2007 年初，美国爆发次贷危机，由于各国间经济网络的连接，使得危机迅速传播并最终演化为全球范围内的金融危机甚至经济危机。除了以国家为单位的经济贸易网络外，各个经济体如银行、企业都可以因为借贷、信用等经济关系形成经济网络。因此，研究经济网络中危机的传播至关重要，不仅影响着社会中各个经济体的正常运转，更是牵动着国家乃至世界的经济安全、社会安定。

随着现实生活中网络传播的不断普及，通过网络结构分析传播行为的影响已成为当今热点。疾病的传播研究已有较长的历史，诸多学者对此提出了很多经典的疾病传播模型。近些年，有很多文献将社会网络加入疾病传染的相关研究中。传染病模型的研究分析方法相对完善，并且类似的理论可以在社会网络、经济网络等相关网络的传播行为中得到推广。故下面将重点介绍几类典型的传染病模型：SI 模型、SIR 模型和 SIS 模型。

2.3.1　SI 模型

我们先简单介绍传染病模型的传播机制，这对下述 SIS 模型和 SIR 模型同样适用。

设所研究的种群内有 N 个个体，个体的状态可分为以下三类。

（1）易感状态 S（susceptible）：一个个体在感染成为患病前的状态，该个体可能被与其相连的邻居个体感染成为患病状态。

（2）患病状态 I（infected）：一个个体被感染成为患病的状态，该个体还可能以一定的概率感染与其相连的邻居个体。

（3）移除状态 R（removed 或者 recovered）：一个个体已经经历完一个完整的易感、患病周期后，具备免疫能力或者已经死亡的状态，该状态也可称为免疫状态或者恢复状态。

对于传染病模型，我们通常假设在初始时刻网络中存在一个或者几个个体处于患病状态，其余个体处于易感状态。随着时间的推移，患病个体通过社会网络以一定的概率感染其他易感个体。经典的传染病模型假设疾病的传染是完全混合 (fully mixed) 的，也可以理解为疾病传播是在完全网络中传播。这种假设说明，在单位时间内，社会网络中的每一个个体与网络中的其他任一个体接触并且被感染的机会都是相等的，一个患病个体会同等概率地传染给他的接触个体。记 $S(t)$、$I(t)$ 和 $R(t)$ 分别为时刻 t 分别处于易感状态、患病状态和移除状态的人群数量，显然有 $S(t) + I(t) + R(t) = N$。

SI 模型是疾病传染中最为经典的模型，也是最简单的情形。模型假设如果某个体被感染为患病状态，那么该个体将永远处于患病状态。令 β 为单位时间内一个易感个体接触到患病个体并被其感染成为患病状态的概率。时刻 t 网络中的患病个体总共为 $I(t)$，并且易感人群的比例为 S/N，故可求得患病状态的个体数目和易感状态的个体数目按照如下变化率变化：

$$\frac{dI(t)}{dt} = \beta \frac{SI}{N}$$

$$\frac{dS(t)}{dt} = -\beta \frac{SI}{N}$$

记时刻 t 处于易感状态和患病状态的人数比例分别为 $s(t) = S(t)/N$ 和 $i(t) = I(t)/N$，则有 $s(t) + i(t) = 1$。故 SI 模型的微分方程描述可表示为：

$$\frac{ds(t)}{dt} = -\beta s(t)i(t), \quad \frac{di(t)}{dt} = \beta s(t)i(t) \tag{2.3}$$

式（2.3）也称为 Logistic 增长方程。

2.3.2 SIS 模型

SIS 模型与 SI 模型的第一阶段的传染机制相同，一个患病个体在第一阶段的单位时间内会随机地感染 $\beta S/N$ 个易感个体。所不同的是，每一个患病个体都将以固定的速率 γ 再次变为易感个体。记时刻 t 处于易感状态和患病状态的人数比例分别为 $s(t)$ 和 $i(t)$，则有 $s(t) + i(t) = 1$。SIS 模型的微分方程可表示为

$$\frac{ds(t)}{dt} = -\beta s(t)i(t) + \gamma i(t),$$
$$\frac{di(t)}{dt} = \beta s(t)i(t) - \gamma i(t) \tag{2.4}$$

从而有
$$\frac{\mathrm{d}i(t)}{\mathrm{d}t} = \beta i(t)(1-i(t)) - \gamma i(t)$$

假设初始时刻人群中只有单个患病个体,那么对于大规模的社会网络可以推得模型

$$i(t) = \frac{i(0)(\beta-\gamma)e^{(\beta-\gamma)t}}{(\beta-\gamma) + \beta i(0)e^{(\beta-\gamma)t}} \tag{2.5}$$

令 $\rho = \beta/\gamma$,则当 $\rho > 1$ 时,式(2.5)对应 Logistic 增长曲线,相应的稳态值为 $i = (\beta-\gamma)/\beta = 1 - 1/\rho$。如果 $\rho < 1$,那么患病人数比例 $i(t)$ 将以指数的速率下降到零,这意味着病毒不能在人群中得到扩散。因此,称 $\rho = 1$ 为 SIS 模型的传播阈值或者临界值,在本书后面的模型探讨中我们还可以看到这一阈值的重要性。

2.3.3 SIR 模型

SIR 模型与 SIS 模型第一阶段的传染机制类似,不同之处在于患病个体恢复之后的状态。在 SIS 模型中,假设每一个患病个体将以固定的速率 γ 再次变为易感个体,而在 SIR 模型中,一个患病个体恢复之后处于移除状态。假设每一个患病状态的个体都会以给定的常数速率 γ 变为移除状态,即该个体将恢复成为具有免疫力的个体或者直接死亡。故在任意小的 Δt 区间内,一个患病个体变为移除个体的概率为 $\gamma \Delta t$。

令时刻 t 处于易感状态、患病状态和移除状态的人数比例分别为 $s(t)$、$i(t)$ 和 $r(t)$,则有 $s(t) + i(t) + r(t) = 1$。SIR 模型的微分方程形式描述如下:

$$\begin{aligned}
\frac{\mathrm{d}s(t)}{\mathrm{d}t} &= -\beta s(t)i(t), \\
\frac{\mathrm{d}i(t)}{\mathrm{d}t} &= \beta s(t)i(t) - \gamma i(t), \\
\frac{\mathrm{d}r(t)}{\mathrm{d}t} &= \gamma i(t)
\end{aligned} \tag{2.6}$$

从式(2.6)的形式可以看出,该模型与 SIS 模型的本质区别在于区分了个体的移除状态。这一区别主要考虑到对于一些传染病,患病个体在治愈后具有免疫功能达到一种免疫状态,或者患病后未治愈达到死亡状态,三种不同的模型描述了不同特征的疾病传染过程。

以上介绍的模型都是基于完全混合假设的建模,即每一个患病个体将病毒传染给其他的易感个体的机会都是均等的。然而在现实社会中,每一个人不可能与

社会中的其他所有人进行连接，每个个体只能同社会网络中少量的节点直接相连，即他们的邻居，这就是说，一个患病个体只能将病毒传染给他们的直接邻居。因此，基于社会网络结构研究疾病的传播行为具有重要意义，诸多学者也已展开传播行为在社会网络上的研究，本书正是这样的探索之一。我们基于最经典的 SIS 传染病模型构建资本市场中交易者信息的传播模型，探究交易者异质性预期和资产价格的动态演化。

2.4　本章小结

本章是全书的基础章节，主要介绍了网络相关的基础知识与应用背景。首先，介绍了网络的表示和基本的拓扑性质，给出了网络的图表示、网络的邻居和度、平均路径长度、直径和网络密度、集聚性和聚类系数以及网络的谱半径等基本概念，并介绍了网络的泊松分布和幂律分布两个重要的网络度分布。其次，详细介绍了四种重要的网络结构模型：正则网络模型、随机网络模型、小世界网络模型和无标度网络模型，并给出了随机网络模型、小世界网络模型和无标度网络模型这三种网络模型构造的一般算法。最后，本章对社会网络中的经典传播模型进行了详细的讨论，着重分析疾病传播中的 SI 模型、SIS 模型和 SIR 模型，并对相应模型求解，进行了简单的稳定状态分析。

第3章 社会交流、交易者预期与股票价格非线性系统的构建

资本市场是一个复杂非线性的经济系统，这种复杂性不仅源于市场中交易者个体自身复杂的心理与行为特征，以及资产价格复杂万变的性质和波动特征，更源于交易者行为与资产价格的相互作用与反馈。本章将参考动力系统的有关方法构建社会交流、交易者预期与股票价格所组成的非线性复杂系统。

3.1 信息交流的社会网络基础

社会网络是处在社会中的个体成员之间因为某种关系而产生的连接体系，不同的学者给出关于社会网络的不同描述。从社会学的角度讲，社会网络是一种研究社会中人与人之间关系的科学，发端于德国社会学家齐美尔（Simmel，1858—1918），并于1960年之后在西方社会广为发展。"社会网络"这一概念的提出与兴起，源于其对社会互动的恰当描述，社会网络构成了人与人交流的基础。社会网络的分析方法并不只是把单位人看作个体或者独立群体的规范活动，更多的是关注人与人之间的关系以及这些关系如何影响彼此的行动或者行为。

社会网络是指社会个体成员之间因为互动而形成的相对稳定的关系体系，社会网络中人与人之间的互动和联系使得信息得以传递，信息依赖于社会网络的交流不仅会影响人们日常的社会行为，也会对人们的经济活动行为造成重要影响。近年来，越来越多的研究表明，基于社会网络的信息交流影响着不同人群的经济活动。迪弗洛和塞斯（Duflo & Saez，2002）考察了美国公司职员参与TDA（Tax Deferred Account）养老金计划的情况，他们的研究结果表明，职员之间的参与信息以及与其他职员的社会交流都影响着这些公司职员是否参与养老金计划的决定。比歇尔等（Buechel et al.，2015）研究了社会网络中人们观点形成的动态过程，他们研究发现行为人个体的观点会参考每一个"社会邻居"所表达的意见，并

通过与其他个体的信息交流来更新他们自己的观点意见。此外，诸多学者的研究表明，资本市场的参与者基于社会网络进行社会互动，交流并获取信息，从而影响着彼此之间的投资策略。洪等（Hong, et al., 2005）通过考察互助基金经理的行为发现，一个基金经理更愿意去购买处在同一个城市的其他基金经理也购买了的同一只股票。他们排除基金经理们的同一地区偏好，并将这种现象解释为投资者们通过"口对口"的直接信息交流传递了股票的相关信息所导致的一种行为传染效应。普尔等（Pool et al., 2015）的进一步研究发现，处于同一社会网络的基金经理人的持有和交易行为都较为相似。他们通过区分社会互动和社区效应，排除了社区偏好，并说明正是与基金经理之间"社会邻居"的交流影响了他们的行为。

社会网络是由众多节点所构成的一种社会结构，网络中的节点通常是指如个人或组织等的个体，网络中个体与个体之间的连接代表着包括朋友关系、同学关系、生意伙伴关系、种族信仰关系等的各种社会关系。经过这些社会关系，社会中的个体相互沟通、相互交流，形成了完善信息的沟通与交流的途径。假设资本市场中共有 n 个交易者，他们构成了以认识为主要社会关系的社会网络，该社会网络表示为 $G = (n, \varepsilon)$。每一个交易者表示为社会网络中的一个节点，关系 $\varepsilon \subset n \times n$ 表示社会网络中交易者 i 与交易者 j 相连。在现实世界中，社会网络 G 可以理解为许多种社交网络，例如，朋友之间的社会互动、微信、微博朋友圈等社交网络。我们假设每个交易者相互交流时并不隐瞒自己的信息，交易者之间的交流是双向的，基于此我们所构建的社会网络是无向网络。令矩阵 $A = (a_{ij})_{n \times n}$ 为社会网络 G 的邻接矩阵，如果 $(i,j) \in \varepsilon$，那么元素 $a_{ij} = 1$；如果 $(i,j) \notin \varepsilon$，那么 $a_{ij} = 0$。在这样的社会网络中，节点 i 的邻居[①]是指在网络中与 i 相连的所有节点的集合，表示为 $N_i(G) = \{j : a_{ij} = 1\}$。在我们的模型中，每个交易者所拥有的邻居结构不尽相同，他们正是基于这样异质的社会互动结构相互交流、互换信息。

基于社会网络的信息交流构成了资本市场中交易者之间的社会交流，这种交流传递并共享着来自网络中其他交易者的资产价格、收益和波动特征等市场信息或者私有信息。社会网络是参与经济活动的个体交流的基础，资本市场的交易者正是依赖其所形成的社会网络沟通、交流信息，并基于此形成了对未来价格不同的预期。我们先给出几种经典的交易者异质性预期的类型，之后我们将介绍交易者是如何依赖于信息交流形成对未来资产价格的异质性预期的。

---

① 这里所说的邻居严格来讲应是一步邻居，即不考虑间接相连的情况，我们的模型只考虑一步邻居的社会互动。

3.2 交易者预期的异质类型

经济活动中，经济个体今天的行为决策取决于他们对未来的预期或者信念，这也是经济学与自然科学最为重要的区别。例如，气象学中对明天天气的预测不会影响今天的天气，但是很明显投资者对于未来股票价格的预期会影响他们今天的交易行为，进而影响资本市场的价格。

经济行为人的预期对资本市场及资产价格有着重要作用，经济发展史上有很多历史事件都能够说明个体预期的重要性，最为典型的是 17 世纪荷兰的"郁金香狂热"事件（Kindleberger，1992）。荷兰投资者对郁金香球茎投资收益的过高预期使得他们大量持有郁金香及相应资产，这使得 1636 年初郁金香的价格以 20 倍的速度迅速膨胀。但是这样的价格远远偏离了其实际的价值，最后郁金香球茎价格暴跌并在 1636 年末回到了初始水平。另一个近期的例子是 2008~2012 年的全球经济金融危机，只 2008 年一年全球的金融市场下跌 50% 以上。很难相信这样的暴跌全部是因为经济基本面价值的下降，更多的下跌源于投资者强烈的悲观市场心理，并且使得不断放大的悲观预期逐渐扩散，最终导致市场的暴跌。经济金融活动中，预期的重要性不止如此，诸多的事实说明预期理论在任何经济学理论或者模型中都是重要的组成部分。

在社会与经济活动中，经济个体的预期对其行为决策具有重要影响，资本市场中交易者的交易行为往往取决于其对未来的预期。在经济金融学的研究中，市场参与者如何形成预期是一个很重要的话题。在经济理论中，诸多研究都依赖于对参与个体预期行为的某种假定，从而探究资产价格的形成与动态变化。对于资产价格的研究，不同的应用背景往往会采用不同的预期规则。从预期的形成机制进行分类，可以把预期分为幼稚性预期（静态预期）、线性回顾预期（外推型预期）、适应性预期和理性预期。

3.2.1 幼稚性预期

幼稚性预期始于 20 世纪 30 年代，伊齐基尔（1938）首次将预期纳入经济学的个体行为分析中，并给出了最简单地采用幼稚预期规则的情形。即假设经济行为人对未来价格的预测值等于他们最近所观测到的价格：

$$P_t^e = P_{t-1}$$

其中，P_{t-1} 表示 $t-1$ 时刻真实的价格；P_t^e 表示 t 时刻价格的预期值。

幼稚性预期直接把前一期的商品实际价格看作当前的预期价格，是形成机制最为简单的一种预期理论，常用于理性预期革命之前。由于没有考虑到真实市场中价格的动态变化，幼稚性预期又称为静态预期。静态预期往往假定经济个体完全按照过去已经发生的信息来估计和判断未来的经济形势，微观经济理论中的蛛网模型就是典型的静态预期的应用。该预期理论最大的特色在于，t 期的供给决策以 $t-1$ 期的价格为依据，因此，t 期产品的供给量被假定为 $t-1$ 期的价格函数。但是由于行为人只根据上一期价格做出供给决策，因而忽略了 t 期和 $t-1$ 期之间市场的动态变化。

3.2.2 线性回顾预期

幼稚性预期理论只考虑上一期的价格影响，如果把任何对未来价格的预测都表示为过去和当前信息的函数形式，即预期是所有历史价格的函数。当预测函数是线性的，并且只考虑过去有限个时期的价格，我们称之为线性回顾预期 (linear backward-looking expectations, LBE)，可以用如下公式表示：

$$P_t^e = \omega_1 P_{t-1} + \omega_2 P_{t-2} + \cdots + \omega_L P_{t-L}, \sum_{i=1}^{L} \omega_i = 1$$

由此说明，价格的预期值是过去 L 期历史价格的权重平均值，故线性回顾预期也可称为分布滞后预期（Goodwin, 1947）。滞后期 L 是有限的，并且权重系数 ω_i 不随时间变化。

对于线性回顾预期，权重的分布可以有很多种可能性。其中最为自然可行的情况是，更多的权重被赋予更近一些的价格观测值，即 $\omega_i > \omega_{i+1}, 1 \leqslant i \leqslant L$。在考虑两期滞后的最简单的情形中，线性回顾预期可以表示为以下形式：

$$P_t^e = \omega_1 P_{t-1} + \omega_2 P_{t-2}, \omega_1 + \omega_2 = 1 \tag{3.1}$$

即未来的预期价格是两个最近价格观测值的加权平均值。

特别地，将式（3.1）的形式改写为

$$P_t^e = P_{t-1} + \omega(P_{t-2} - P_{t-1}) \tag{3.2}$$

其中，令 $\omega = 1 - \omega_1$，那么式（3.2）变为经典的外推型预期理论。相比幼稚性预期，该理论不仅考虑了前期价格水平，还考虑了一定比例的前两期价格水平的差。如果 $\omega > 0$，那么可以认为行为人相对乐观，即预期价格会按照以往的趋势继续；如果 $\omega < 0$，那么可以认为行为人并不看好市场，持悲观情绪，即预期市场价格将会逆转；如果 $\omega = 0$，则预期价格等于前期的价格，退化为幼稚性预期的情形。

3.2.3 适应性预期

纳洛夫（1958）在关于蛛网模型的经典文献中引入适应性预期，使得适应性预期成为另外一种简单常用的预测规则。适应性预期也称为偏误纠正学习，行为人会根据他们的系统性谬误学习并且据此改进预期。适应性预期可表示为：

$$P_t^e = P_{t-1}^e + \omega(P_{t-1} - P_{t-1}^e), 0 \leqslant \omega \leqslant 1$$

其中，ω 表示预期权重因子，决定了预期对过去的预期误差所做调整的速度。预期价格依赖于过去的真实价格是适应的，这种自适应预期的等价形式可表示为：

$$P_t^e = (1-\omega)P_{t-1}^e + \omega P_{t-1}, 0 \leqslant \omega \leqslant 1$$

因此，可以将适应性预期理解为最近观察到的实际价格和最近的预期价格的加权平均值。由此可以看出，幼稚性预期实际上是适应性预期在 $\omega=1$ 时的特例。

通过对上述等价形式进行反复迭代归纳，适应性预期可以表示成所有历史价格的权重形式，并且过去的价格权重呈几何级数下降，即：

$$P_t^e = \omega P_{t-1} + \omega(1-\omega)P_{t-2} + \omega(1-\omega)^2 P_{t-3} + \cdots$$
$$= \sum_{i=1}^{\infty} \omega(1-\omega)^{i-1} P_{t-i}$$

由此，对 t 期价格的预期可以表示为过去所有的真实价格的加权平均值。并且可以看出，适应性预期的形成机制是以递减的几何级数表示权重的滞后分布，因此，价格的预期绝不会大于以前所有期价格的最大值，过去的实际水平距离当期越远，所获得的权重分配就越小。适应性预期表明经济行为人会凭借过去的长期经验逐步修正自己的未来预期，并从经济变量的实际变化与预测偏误中不断完善。

3.2.4 理性预期

自从穆斯（1961）提出理性预期假设之后，理性预期假设（rational expectations hypothesis，REH）已经成为经济学理论中经典的预期形成范式。

理性预期理论认为，行为人对经济变量的预期是基于所有可用信息所作的最佳预测。理性预期假设所有行为人都是理性的，并且行为人根据经济学理论作出的客观预测作为他们对未来的主观预期。根据穆斯（1961）的说法，理性预期是指预期值是基于给定所有可得信息后的数学条件期望，即：

$$P_{t+k}^e = E_t[P_{t+k} \mid I_t] \tag{3.3}$$

其中，I_t 表示 t 时刻交易者可以获得的全部信息；P_{t+k} 表示 $t+k$ 时刻市场的真实价格；P_{t+k}^e 表示 t 时刻对 $t+k$ 时刻的价格的预测值。由式（3.3）可知，经济行为人应用数学期望式形成预期，并且在 t 期假设第 $t+k$ 期的预期值与第 $t+k$ 期的实际值一致。因此，经济建模中通常都假定经济个体拥有所要预测变量的随机过程的真实完全知识。

令 $\varepsilon_{t,k} = P_{t+k} - P_{t+k}^e$ 表示价格的预测误差，则有 $E_t[\varepsilon_{t,k} \mid I_t] = 0$。这表明，在理性预期的假设下，预测偏误 $\varepsilon_{t,k}$ 与交易者 t 时刻的信息集 I_t 是不相关的，也就是说交易者的预测 P_{t+k}^e 充分利用了 t 时刻已有的信息资源，说明理性预期假设要求预期既是无偏的也是有效的，即没有系统性的预测误差，也没有浪费信息。可以看出，理性预期是理性的经济行为人追求利益过程中欲望和能力的有效统一，即行为人根据一切可以获取的包括模型结构知识、价格历史信息等可能信息有能力做出完全理性的预测判断，完全能够实现自己的利益最大化。

3.3 异质性预期的形成与转换

前一节我们已经介绍了常用的几种预期类型，本小节研究资本市场中交易者的异质性预期的形成与转换机制。我们通过资本市场中交易者的社会邻居的连接关系，将资本市场中的交易者预期微观化，从每个微观的交易者个体研究每一个交易者的预期状态，并且立足于有限理性内生了交易者的异质性预期形成与转换。

3.3.1 模型的基本假设

本书假设资产市场中的交易者是有限理性的，这种有限理性如西蒙（1955，1957）所强调的，"有限理性只要求有限的计算能力，行为人不需要掌握完美的最优化决策规则，他们只需要使用简单的经验法则。"这种有限理性对人类行为尤其是经济行为人的描述更加准确、更加贴近现实。交易者的有限理性表现在，一是有限理性的行为人并没有关于风险资产经济面的完美信息，他们只拥有资产价格的部分信息。交易者需要通过社会网络与其他交易者进行信息交流，从而获取更多的关于风险资产和市场的有用信息，并且交流之后交易者所获取的信息也不一定是完美的。二是即使交易者通过社会交流获取更多的甚至是完美的价格信息，但是他们在复杂的非线性市场中分析求解得到市场均衡价格的理性预期值是困难的甚至是不可能的，交易者只具有有限的计算求解能力。

类似于勒克斯（1995），我们假设经济体中存在两类交易者，一类交易者构成了彼此交流的社会网络，他们是有限理性的并且信息是不完全的，可以看作市场中的投机者；另一类交易者作为第一类交易者的竞争对手存在，他们为市场提供流动性，可以理解为市场中的基础价值投资者。在接下来的模型中，我们主要探讨第一类交易者的行为[①]。这类交易者有两种获取信息的渠道，一是依赖市场直接获取的公开信息；二是基于社会网络通过和交易者的邻居进行信息交流获取的信息，在某种程度上，这类信息可以理解为私有信息的一部分。假定交易者所拥有的风险资产界定为一单位的股票，假设未持有股票的交易者是股市的消极参与者，故该类交易者不会主动、直接获取股票的相关信息，他们只能通过社会网络与其邻居交易者通过信息交流的方式获取有关股票的相应信息。对于持有股票的交易者，我们假设该类交易者是股市的积极参与者，他们主动并直接通过市场获取股票的相关信息。

本书中的异质性预期是指不同的经济行为人因为信息的不完全、不对称以及交易者的认知规则不同而形成的不同预期。并且，我们假设每个交易者在每一时刻对股票价格的预期可能有两种：乐观预期或者悲观预期，即预期未来的价格趋势将上升或者下降。资本市场中的交易者异质性预期表现在对未来价格趋势预测的不同，这种异质性预期包括两方面的因素：信息差异和认知差异。其中，信息差异包含交易者个体所观察到的公开信息和通过社会网络交流所获取的私有信息的两类不同。假设交易者所观测到的公开所得的信息是同质的，故模型中的信息差异主要表现在交易者通过与其社会网络中的邻居进行信息交流而获取的私有信息的不同，注意到这种差异主要是因为不同的交易者所处的社会网络结构的不同所造成的。对于认知差异，可以认为是由于交易者对相同的信息所产生的不同理解所造成的，这与交易者的自身知识水平、经验经历等自身属性有关，和经典的行为金融学理论中的认知偏差类似。由于社会网络的存在，每个交易者会通过社会交流与其他交易者交流互换信息，从而更新并调整其对未来价格的预期，形成不同的预期状态，我们将应用马尔科夫过程描述市场中交易者的异质性预期状态的形成与内生转换的变化过程。

3.3.2 给定信息影响力下的异质性预期

如上分析，我们已经知道交易者通过社会网络进行信息交流，这种交流影响着他们对未来股票价格的趋势预期。接下来，我们关注交易者是如何通过社会网络受到其他交易者信息影响的，从而刻画交易者异质性预期的形成与内生转换。我们分两部分讨论，本小节主要讨论在静态信息影响力下交易者的预期形成与转换过程，该情形下交易者之间的信息影响力是外生给定的。

令 $S(t) = \{s_1(t), s_2(t), \ldots, s_N(t)\}$ 表示所有交易者在时刻 t 的预期状态，于

[①] 在后面的讨论研究中，本书所提到的交易者都是第一类交易者。

是对于每一个交易者我们有：

$$s_i(t) = \begin{cases} 1 & \text{如果交易者 } i \text{ 持乐观预期} \\ -1 & \text{如果交易者 } i \text{ 持悲观预期} \end{cases} \quad (3.4)$$

市场中的交易者会基于社会网络与其他交易者进行信息交流，交易者会因受到其邻居信息的影响而调整他们的预期状态，即保持原有的预期或者更新为相反的预期状态。假设该交易者对价格有充分自信的认知能力，他会根据自己对市场信息的认知调整其预期状态。交易者之间的信息影响力主要刻画交易者受到他人的私有信息或者公开的市场信息影响后预期的转换强度。

市场中每一个交易者的预期转换过程是一个随机过程，这取决于他们自己的信息或者其邻居交易者的信息的影响。由于社会网络的存在，每一时刻交易者的预期状态依赖于该交易者及其邻居上一时刻的状态，故我们分情况讨论交易者的预期状态变化。

如果交易者 i 在时刻 t 对市场持有悲观预期态度，即 $s_i(t) = -1$，那么该交易者通过与其邻居交易者进行信息交流会受到其所有邻居信息及预期状态的影响，即通过与其乐观预期邻居交易者交流信息并受到其相关信息的影响，用函数 $\varphi(t)$ 表示。定义 $n_i(t)$ 为 t 时刻交易者 i 的邻居中持有乐观预期的人数，即 $n_i(t) = \sharp\{s_j(t) = 1 | j \in N_i(G)\}$。注意到 $n_i(t)$ 也是一个随机变量，它的变化依赖于交易者对市场未来乐观或者悲观预期状态的变化。于是在 $t + \Delta t$ 时刻，交易者 i 的预期状态可刻画为：

$$s_i(t + \Delta t) = \begin{cases} 1, & \varphi(t)n_i(t)\Delta t \\ -1, & 1 - \varphi(t)n_i(t)\Delta t \end{cases} \quad (3.5)$$

即持有悲观预期的交易者在邻居信息及预期状态的影响作用下以 $\varphi(t)n_i(t)\Delta t$ 的概率[①]变为乐观预期的持有者，以 $1 - \varphi(t)n_i(t)\Delta t$ 的概率继续保持原来的悲观预期状态。

反之，如果交易者 i 在时刻 t 处于乐观预期状态，即 $s_i(t) = 1$，那么此时交易者受到其自身认知能力的影响，其预期的变化强度表示为函数 $\theta(t)$。故对于任意小的时刻 Δt，该交易者在 $t + \Delta t$ 时刻的预期状态为：

$$s_i(t + \Delta t) = \begin{cases} 1, & 1 - \theta(t)\Delta t \\ -1, & \theta(t)\Delta t \end{cases} \quad (3.6)$$

---

① 应保证取时间步长 Δt 充分小，使得 $\max_{\{i \in 1 \ldots N\}}\{\varphi(t)n_i(t)\Delta t\} \leqslant 1$。

这表示处于乐观预期状态的交易者基于自己信息的影响将以 $\theta(t)\Delta t$ 的概率变为悲观预期状态，或者以 $1-\theta(t)\Delta t$ 的概率继续保持乐观的预期状态。

由式（3.5）和式（3.6）可知，资本市场中交易者异质性预期的转换过程即为经典的离散时间下的马尔科夫过程。接下来，我们将应用概率的方法表示交易者的预期状态概率，刻画连续时间下的交易者异质性预期转换的马尔科夫随机过程。令交易者在时刻 t 为乐观预期的概率为：

$$\pi_i(t) = \text{Prob}\{s_i(t) = 1\}$$

相对应，其为悲观预期的概率为 $1 - \pi_i(t) = \text{Prob}\{s_i(t) = 0\}$。于是交易者在时刻 $t + \Delta t$ 为乐观预期状态的概率可以表示为：

$$\pi_i(t+\Delta t) = (1-\pi_i(t))\varphi(t)n_i(t)\Delta t + \pi_i(t)(1-\theta(t)\Delta t)$$

在足够小的时间段内，即 $\Delta t \to 0$，我们可以得到交易者处于乐观预期状态的概率变化的微分表示：

$$\frac{\mathrm{d}\pi_i(t)}{\mathrm{d}t} = \varphi(t)n_i(t)(1-\pi_i(t)) - \theta(t)\pi_i(t) \tag{3.7}$$

式（3.7）表示连续时间状态下资本市场中交易者异质性预期的转换过程，该转换过程可以看成连续时间的马尔科夫过程。可以看出，交易者预期的转换不仅受到自身认知能力 $\theta(t)$ 的影响，还会受到其邻居交易者的信息的影响，表现为 $\varphi(t)n_i(t)$。其中，$\varphi(t)$ 表示交易者与每一个邻居交易者的信息影响力，而 $n_i(t)$ 则度量了其邻居结构的异质性，体现出每个交易者所处的社会网络结构的差异性的影响。如果两个交易者的社会邻居不同，那么他们则会受到不同的邻居交易者的信息的影响，即体现为 $n_i(t)$ 的不同。

3.3.3 动态信息影响力下的反馈预期

根据上一节的描述，函数 $\varphi(t)$ 表示邻居交易者的信息影响力，该函数度量持有悲观预期的交易者 i 通过与其某一个持有乐观预期的邻居交流后成为乐观预期的变化率（速率）；函数 $\theta(t)$ 可以理解为交易者自身的信息影响力，表示持有乐观预期的交易者 i 基于自己信息的影响成为悲观预期的变化率。在上一节的描述中，我们假定这两种信息影响力都是外生给定的，本小节我们将考虑信息影响力的动态化情景，即考虑来自股票价格的反馈作用对信息影响力的调整，从而形成来自价格的反馈预期。

事实上，无论是来自邻居交易者还是交易者自身的信息的影响，这种影响都不可能是静态不变的。试想，如果当前股票收益利好，那么交易者通过与其邻居交易者的交流成为乐观预期的概率一定会大于股票收益较差的情形，即此时交易者将对市场前景充满信心，会更加看好市场。类似地，交易者如果根据自己的信息进行预期调整，那么当前股票收益较好的情景将使得交易者在下一期更加容易倾向调整为乐观预期。正如希勒（1990）所提到的，由于不同时刻的价格收益率的不同，价格信息对每个交易者的影响是不同的。勒克斯（1995）在关于交易者行为受其他交易者的影响讨论中也强调，信息对交易者预期的影响会由于价格的动态变化而不同。因此，我们考虑历史的价格收益信息对信息影响力的反馈作用。

设邻居的信息影响力函数 $\varphi(t)$ 和交易者自身的信息影响力函数 $\theta(t)$ 由股票的历史收益率决定，并且考虑收益率的短期、中期和长期的综合影响。函数 $\varphi(t)$ 和函数 $\theta(t)$ 满足以下性质。

（1）信息的影响力是有界的，单位化邻居及交易者信息的影响力，即：

$$0 \leqslant \varphi(t) \leqslant 1, 0 \leqslant \theta(t) \leqslant 1$$

（2）$\varphi(t)$ 随着股票收益率的增加而增加，$\theta(t)$ 随着股票收益率的增加而减小，即：

$$\frac{\partial \varphi(t)}{\partial R(t)} > 0, \frac{\partial \theta(t)}{\partial R(t)} < 0$$

（3）随着股票收益率的不断增加或减小，$\varphi(t)$ 和 $\theta(t)$ 都将逐步减小，即：

$$\frac{\partial^2 \varphi(t)}{(\partial R(t))^2} < 0, \frac{\partial^2 \theta(t)}{(\partial R(t))^2} < 0$$

上述性质的直观解释为，随着股票价格收益率的不断增加，处于悲观预期状态的交易者与乐观预期交易者交流后获取其相应的利好股票的信息，那么该交易者将会更有可能受到其邻居乐观预期信息的影响，从而将自己的价格预期调整为乐观预期状态；反之，如果股票收益率呈下降趋势，那么处于悲观预期状态的交易者即使受到乐观预期交易者信息的影响，该交易者调整为乐观预期状态的可能性也会相对降低。同样，对于交易者自身信息的影响力，当股票收益上升时，乐观预期的交易者不会轻易转换其预期状态，而是更有可能保持当前的乐观预期状态；反之，当股票价格收益率下降时，乐观预期的交易则更有可能转换预期状态变为悲观预期交易者。

特别地，满足上述信息影响力函数的性质，我们可以给出函数 $\varphi(t)$ 和函数 $\theta(t)$ 的具体形式，即：

$$\varphi(t) = \frac{1}{1 + \exp(-k_1(R(t) - b_1))}$$

$$\theta(t) = \frac{1}{1 + \exp(k_2(R(t) - b_2))}$$

其中，k_1, k_2, b_1, b_2 为待定参数，是资本市场的自身属性，受到资本市场以外的其他因素的影响，在我们的模型中外生给定；$R(t)$ 表示股票历史收益率的线性组合，$R(t) = f_1 \times r_s(t) + f_2 \times r_m(t) + f_3 \times r_l(t)$。$r_s(t), r_m(t), r_l(t)$ 分别代表短期、中期和长期收益率，f_1、f_2 和 f_3 为相应的不同时期的价格收益率的权重值。

考虑交易者邻居信息和自身信息的影响力的共同作用，我们称

$$\tau(t) = \frac{\varphi(t)}{\theta(t)}$$

为**综合信息影响力**，该信息影响力有效地度量了基于信息的影响交易者预期状态的动态演化。在后面的讨论中，我们将看到综合信息影响力对交易者预期的形成、交易者股票的持有行为以及股票价格的重要影响。假设 $\tau(t)$ 是股票价格的历史收益 $R(t)$ 的单调连续函数，并且受到股票的长期、中期和短期收益的共同作用，满足：

$$\frac{\partial \tau(t)}{\partial R(t)} > 0$$

据此，我们已经给出了交易者异质性预期形成与转换的演化动态的机制，该机制考虑了股票价格收益的非线性反馈，为社会交流、交易者预期和股票价格的非线性复杂系统的构建提供了微观基础和前提。注意到，交易者每一时刻的信息交流都依赖于其网络邻居交易者的影响，从而影响着他们的预期状态以及股票的持有行为，并最终决定下一时期股票的价格。在接下来的分析中，我们将看到，价格的变化与交易者所形成的社会交流网络的结构特征密切相关，这说明基于社会网络的价格研究是必要的。

3.4 资本市场均衡价格的形成

本小节将重点分析基于社会网络的交易者异质性预期转换下的交易者行为和风险资产动态价格的形成机制。

假设资本市场中所有的交易者都具有相同的财富禀赋,这样的禀赋只能满足交易者买入 1 个单位的股票。交易者彼此之间不能进行借贷,并且资本市场不允许交易者进行做空交易。在每期期初,交易者基于社会网络进行信息交流,并获取股票市场的相关信息;之后,交易者根据各自所获取的股票相关信息形成相应的异质性预期。期末,交易者将根据所形成的预期做出是否买入或者卖出股票的行为决策,即持有股票的交易者会根据预期做出是否卖出股票的决策,未持有股票的交易者会根据预期做出是否买入股票的行为决策。因此,交易者的行为表现为交易者持有股票的状态变化,并最终决定资本市场的均衡价格。

根据前面的讨论,我们假设处于乐观预期状态的交易者将看好市场,即如果该乐观预期的交易者未持有股票,那么该交易者将买入一只股票变为持有者;如果该交易者持有股票,那么他将不改变对股票的需求状态,将继续持有该只股票。相应地,处于悲观预期状态的交易者将对市场持悲观态度,即对于悲观预期的交易者而言,如果该悲观预期交易者未持有股票,那么他将不买入股票,从而保持未持有股票的状态;如果该交易者持有股票,那么基于对未来的悲观预期他将在此时卖出股票变为未持有股票的状态。由此可知,对于每一时刻,资本市场中乐观预期的交易者将持有股票,而悲观预期的交易者将不持有股票。因此,在任意时刻,交易者持有或者未持有股票的状态实质上即为该交易者处于乐观预期或者悲观预期的状态。

对于任意时刻 t,令资本市场中的交易者持有股票的人数为 $\eta(t)$,则有:

$$\eta(t) = \Sigma_{i=1}^{N} s_i(t)$$

另外,由于假设市场中不会有新的交易者参与,交易者人数固定为 N,因此,未持有股票的交易者人数可表示为 $N - \eta(t)$。于是在股票零供给的情况下,t 时刻的超额需求等于市场上所有交易者的需求总和。在前面的分析中,我们假设存在两类交易者,第二类交易者为市场提供流动性,因此,市场中形成的价格都为市场出清价格。

参照勒克斯(1995)、法默和乔希(Farmer & Joshi, 2002)等的相关设定,根据市场出清价格的假设,交易者超额需求影响着股票的价格。当超额需求为正时,更多的交易者将买入股票,股票价格将上涨;反之,当超额需求为负时,交易者倾向于卖出股票,股票价格将下跌。当没有超额需求时,股票价格保持不动。根据市场中持有股票的人数,可以求出市场上股票的超额需求为 $\Delta \eta(t)$。我们认为,股票价格的变化根本上取决于第一类交易者的决策行为,这最终决定了股票价格的形成机制,于是股票市场价格的动态关系式可表示为:

$$P(t+1) = P(t) + \beta\Delta\eta(t), \beta > 0 \qquad (3.8)$$

其中，β 表示 1 单位超额需求的变化所引起的股票价格变动情况。令 $\Delta t \to 0$，股票价格动态变化的连续形式为：

$$\mathrm{d}(P(t)) = \beta\mathrm{d}(\eta(t)), \beta > 0$$

从式（3.8）可以看出，股票价格的动态变化严格依赖于交易者持有股票的变化情况，1 单位持有者的变化将带动 β 个单位股票价格的变化。这可以直观地解释为，当持有股票的人数增加 1 单位时，即 1 单位的超额需求促使股票价格升高 β 单位。

3.5 本章小结

社会网络是人与人之间信息交流的基础，资本市场中的交易者也会通过社会网络与其他邻居交易者进行信息交流，从而影响着他们的预期形成与交易行为。在本章，我们先应用社会网络构建资本市场中交易者的朋友交流关系，给出了交易者进行信息交流的社会网络基础。

模型中的交易者预期是对每一时刻每一位市场交易者预期状态的微观刻画，与完全信息的预期理论不同，我们假设交易者是有限理性的，交易者之间的相互交流影响着交易者的决策进而影响资产价格。我们立足于交易者的有限理性特征，并基于社会网络刻画了依赖于交易者信息交流的异质性预期。应用随机过程和动力学的相关理论，我们将交易者的异质性预期形成与转换过程描述为连续时间的马尔科夫过程，内生了交易者的异质性预期形成与转换过程。最后，根据市场出清的价格形成机制，我们给出了考虑交易者社会交流和异质性预期的股票价格的动态关系式。结合价格的形成机制，建立了一个由社会交流、交易者预期和股票价格组成并相互作用的自我实现的复杂系统。

资本市场是一个具有非线性互动和反馈作用的复杂经济系统，考虑到股票价格收益对交易者之间信息影响力的反馈作用，我们在资本市场交易者的社会网络框架下构建了社会交流、交易者预期和股票价格组成的非线性系统，即社会交流、交易者预期与股票价格相互演化的复杂金融系统：

$$\frac{\mathrm{d}\pi_i(t)}{\mathrm{d}t} = \varphi(t)n_i(t)(1-\pi_i(t)) - \theta(t)\pi_i(t)$$
$$\pi_i(t) = \mathrm{Prob}\{s_i(t) = 1\}$$
$$\eta(t) = \Sigma_{i=1}^{N}s_i(t)$$

$$d(P(t)) = \beta d(\eta(t)), \beta > 0$$

$$\varphi(t) = \frac{1}{1 + e^{-k_1 \times (R(t) - b_1)}}$$

$$\theta(t) = \frac{1}{1 + e^{k_2 \times (R(t) - b_2)}}$$

$$R(t) = f_1 \times r_s(t) + f_2 \times r_m(t) + f_3 \times r_l(t)$$

其中，k_1、b_1、k_2、b_2 为资本市场的外生参数；$R(t)$ 为股票历史收益率的线性组合；$r_s(t)$、$r_m(t)$、$r_l(t)$ 分别代表短期、中期和长期的股票收益率；f_1、f_2、f_3 为相应的短期、中期和长期股票收益率所对应的权重值。

这个由社会交流、交易者预期和股票价格所构成的金融系统具有两个主要特征：复杂性和自适应性。其中，复杂性主要表现在以下两个方面。一方面，交易者异质性预期的微观个体化。我们不再单纯地将交易者的预期进行简单分类，而是基于市场中交易者所形成的社会网络，刻画每一时刻每一个交易者的预期形成与转换。并且考虑到交易者之间的社会交流，每一个交易者预期的形成都会受到其他交易者的影响，这将预期形成的维度上升到了交易者的人数的同一量级。另一方面，股票收益对信息影响力的非线性反馈。众多学者已经研究表明，股票收益对交易者行为存在反馈作用，但我们的模型并不是将这种反馈直接作用到交易者行为，而是将股票收益以非线性的形式作用于交易者之间的信息影响力，从而通过交易者之间的社会交流表现出股票收益对交易者预期和行为的反馈作用。

系统的另一个特征是自适应性，这表现在资本市场各变量之间的自我实现。即市场中的交易者基于社会网络进行信息交流，交流过程中的信息影响力受到股票收益的反馈，交易者据此调整对未来价格趋势的预期，形成了市场中的交易者异质性预期。受预期的影响，交易者做出是否买卖股票的决策行为，从而形成了市场的均衡股票价格。新的股票价格的形成会造成相应的历史收益的变化，进而影响交易者基于社会网络的信息影响力，使得众多的市场交易者在新的信息影响力下调整为新的异质性预期。以此类推，这使得社会交流、交易者预期和股票价格构成了一个自我实现的内生自适应系统。

第 4 章 资本市场自适应系统的价格动态的理论分析

本章在第 3 章所构建的社会交流、交易者预期与股票价格形成的资本市场非线性系统的基础上对股票价格进行相应的理论分析。前面已提到，自适应性是资本市场这个复杂系统最为重要的特征之一，系统的自适应性使得资本市场中的各个变量能够内生转换并自我实现。在资本市场自适应系统的框架下，我们将深入讨论股票价格的动态行为，并对价格的动态运动与实现机制进行重点分析。

定义资本市场的稳定状态，即对于任意一个常数信息影响力 τ，如果存在时刻 T，对于 $t > T$ 都满足：

$$\frac{\mathrm{d}\pi_i(t)}{\mathrm{d}t} = 0, i = 1, 2, \cdots, N \tag{4.1}$$

此时，每一个市场中的交易者持有股票的概率都保持不变，我们称资本市场达到了一个稳定状态。稳定状态下资产价格的均值称为股票的**稳态价格**（Steady Price），表示为 P_τ^s。

注意到，对于每一个时点固定的信息影响力 τ，市场都会有一个与之相对应的稳态价格 P_τ^s。特别地，我们将时刻 t 的信息影响力 $\tau(t)$ 所对应的稳态价格记为 $P_{\tau(t)}^s$。值得说明的是，这里所定义的稳态价格不是真实的股票价格。该稳态价格可以理解为：市场中交易者基于当前已有的信息所认为的最终形成的市场不变的稳定价格，这可以看作是对股票价格的期望值。从下面的讨论中也可以得出，每一时刻的信息都会产生相应的信息影响力，进而对应一个此时刻信息影响力下的稳态价格。

4.1 给定信息影响力下的分析

由于模型的复杂性，我们先分析讨论交易者之间的信息影响力在不受股票收益率变化的反馈作用时股票价格的动态运动过程。这种情况是我们所描述的价格形成机制的特殊情况，此时，无论是邻居的还是交易者自身的信息影响力都假设为固定不变的或者外生给定的，即所有交易者异质性预期的形成都不会考虑价格历史信息的反馈作用。

当信息影响力固定不变时，此时交易者之间的影响力函数 $\varphi(t)$ 和交易者自身的信息影响力函数 $\theta(t)$ 分别化为：$\varphi(t) = \varphi$，$\theta(t) = \theta$。我们应用平均场理论的相关方法，即平均意义上信息的影响力近似交易者持有股票的真实、随机的信息的影响力[①]，于是可以得出 $E(n_i(t)) = \Sigma_{j=1}^{N} a_{ij}\pi_j(t)$，并且有：

$$E(\varphi(t)n_i(t)) = \varphi\Sigma_{j=1}^{N}a_{ij}\pi_j(t)$$

于是交易者持有股票的概率满足：

$$\frac{\mathrm{d}\pi_i(t)}{\mathrm{d}t} = \varphi\Sigma_{j=1}^{N}a_{ij}\pi_j(t)(1-\pi_i(t)) - \theta\pi_i(t) \tag{4.2}$$

结合上一章资本市场中社会交流、交易者预期和股票价格组成的非线性系统的构建机制，对于交易者之间信息影响力外生的情形，此时资本市场的非线性系统可化为：

$$\begin{aligned}\frac{\mathrm{d}\pi_i(t)}{\mathrm{d}t} &= \varphi\Sigma_{j=1}^{N}a_{ij}\pi_j(t)(1-\pi_i(t)) - \theta\pi_i(t) \\ \pi_i(t) &= \mathrm{Prob}\{s_i(t)=1\} \\ \eta(t) &= \Sigma_{i=1}^{N}s_i(t) \\ \mathrm{d}(P(t)) &= \beta\mathrm{d}(\eta(t)), \beta > 0\end{aligned}$$

命题 4.1 假设资本市场中的交易者构成谱半径为 ρ_A 的社会网络，他们之间的信息影响力外生给定为 τ。当 $0 < \tau < 1/\rho_A$ 时，资本市场存在唯一的稳定状态，此时所有的第一类交易者都不持有股票，称此时市场的稳态价格为地板价格（floor price）[②]；当 $\tau > 1/\rho_A$ 时，资本市场存在高于地板价格的稳态价格 P_τ^s。

证明： 令 $\Pi^s = \{\pi_1^s, \pi_2^s, \cdots, \pi_N^s\}$ 为资本市场的稳定状态下交易者持有股票的概率分布。式（4.2）可化为：

$$\frac{\mathrm{d}\Pi(t)}{\mathrm{d}t} = \varphi A\Pi(t) - \mathrm{diag}(\pi_i(t))(\varphi A\Pi(t) + \theta u) \tag{4.3}$$

[①] 这一近似方法可参考米恩等（Mieghem et al., 2009）中关于疾病传播模型中的传染率近似方法。

[②] 该价格对应的是第一类交易者持有股票的人数为零时的价格，金融市场中的价格不会跌破该价格。

其中，$u = (1, 1, \cdots, 1)'$ 为单位化向量，$\text{diag}(\pi_i(t))$ 为对角矩阵，对角位置上的元素为 $\pi_1(t), \pi_2(t), \cdots, \pi_N(t)$。

令 $\dfrac{d\Pi(t)}{dt} = 0$，则式（4.3）可表示为：

$$\varphi A\Pi^s - \text{diag}(\pi_i^s)(\varphi A\Pi^s + \theta u) = 0$$

令 $v = A\Pi^s + \dfrac{1}{\tau}u$，于是：

$$v - \dfrac{1}{\tau}u = A\Pi^s = \text{diag}(\pi_i^s)v$$

由于对角矩阵 $\text{diag}(1 - \pi_i^s)$ 是可逆的，因而有：

$$v = \text{diag}\left(\dfrac{1}{1 - \pi_i^s}\right)u.$$

$$= \dfrac{1}{\tau}\left(\dfrac{1}{1 - \pi_1^s}, \dfrac{1}{1 - \pi_2^s}, \cdots, \dfrac{1}{1 - \pi_N^s}\right)'$$

将向量 v 代入方程 $\varphi A\Pi^s - \text{diag}(\pi_i^s)(\varphi A\Pi^s + \theta u) = 0$，可以得出：

$$A\Pi^s = \dfrac{1}{\tau}\left(\dfrac{\pi_1^s}{1 - \pi_1^s}, \dfrac{\pi_2^s}{1 - \pi_2^s}\right), \cdots, \dfrac{\pi_N^s}{1 - \pi_N^s}))' \tag{4.4}$$

由于 $\pi_i^s < 1$，在稳定状态进行泰勒展开，可以得到：

$$A\Pi^s = \dfrac{1}{\tau}\sum_{k=1}^{\infty}(\pi_i^s)^k$$

$$= \dfrac{1}{\tau}\Pi^s + \dfrac{1}{\tau}(\Pi)^k$$

其中，$(\Pi)^k = ((\pi_1^s)^k, (\pi_2^s)^k, \cdots, (\pi_N^s)^k)'$。

令 $\tau = 1/\rho_A + \varepsilon$，$\varepsilon$ 表示任意小的正数。$\Pi^s = \varepsilon x$，其中，x 表示社会网络的邻接矩阵 A 的最大特征值所对应的特征向量。以下将证明，对于 $\tau < 1/\rho_A$，式（4.2）只有平凡的零解 $\Pi^s = 0$。如果 $\tau > 1/\rho_A$，那么方程有一个非零的解。

将 $\Pi^s = \varepsilon x$ 代入式（4.4）得：

$$A\varepsilon x = \dfrac{1}{\tau}\varepsilon x + \dfrac{1}{\tau}\sum_{k=2}^{\infty}\varepsilon^k x^k \tag{4.5}$$

这意味着，$Ax = \frac{1}{\tau}x + \frac{\varepsilon}{\tau}x^2 + O(\varepsilon^2)$ 对于足够小的 $\varepsilon > 0$，式（4.5）可化为特征方程的形式，即：

$$Ax = \frac{1}{\tau}x \tag{4.6}$$

这表明 x 是矩阵 A 的特征值为 $\frac{1}{\tau}$ 的特征向量。

由 Perron-Frobenius 定理知，如果矩阵 A 是非负矩阵，那么 A 的最大特征值所对应的特征向量的元素全为正，并且矩阵 A 只存在一个元素全为非负的特征向量。

因此，对于 $1/\tau = \rho_A > 0$，向量 x（以及其比例向量 $\Pi^s = \varepsilon x$）都是矩阵 A 的特征值为 ρ_A 的特征向量。如果 $1/\tau > \rho_A$，那么 $1/\tau$ 不可能是矩阵 A 的特征值，式（4.3）的唯一解是 $x = 0$，即 $\Pi^s = 0$。命题得证。

命题 4.1 给出了当交易者的预期不受到历史价格信息反馈作用，即交易者之间的综合信息影响力 τ 外生给定时，资本市场最终形成稳定状态的条件。可以看出，资本市场最终形成的稳定价格取决于综合信息影响力 τ 与网络的结构特征谱半径倒数 $1/\rho_A$ 之间的相对关系。当 $\tau < 1/\rho_A$，所有交易者之间的信息交流不足以影响悲观预期交易者调整其预期状态变为乐观预期，从而导致未持有股票的交易者不会买入股票。另外，持有股票的乐观预期交易者会因为市场信息的影响转变为悲观预期状态，从而卖出所持有的股票成为未持有股票的交易者。当众多的交易者都有类似的预期转变后，会使得资本市场中持有股票的交易者人数不断下降并最终趋于 0。只有当 $\tau > 1/\rho_A$ 时，市场中交易者之间的信息交流才会足以影响未持有股票的悲观预期者买入股票，而持有股票的乐观预期交易者也不会受到信息交流的影响变化为悲观预期，最终资本市场形成高于地板价格的稳态价格。

基于社会网络严格地对股票稳态价格的显示求解是困难的，但幸运的是，我们能够在正则网络中严格地得到稳态价格的显示表达式。正则网络具有较高的集聚性，网络的这种特性能够很好地体现金融市场中交易者的集团性的社会性质[①]。事实上，参考瓦茨和斯托加茨（1998）的相关小世界网络的构造研究，可以发现，正是正则网络的集团性特征结构使之成为构造现实中小世界特征的社会网络的基础。基于正则的社会网络，我们可以得到如下关于股票价格的结论。

命题 4.2 假设资本市场中的交易者构成度为 k 的正则社会网络，他们之间的综合信息影响力为 τ。初始时刻的股票价格为 P_0，持有股票的人数为 η_0，则资

[①] 这表现为一个交易者 i 的朋友们彼此成为朋友的程度，即与交易者 i 交流信息的所有其他投机者彼此也进行信息交流的可能性，我们可以用集聚性来衡量交易者的集团性特征，集聚性的概念可参考本书第 2 章。

本市场存在唯一的稳定价格 P_τ^s，且 $P_\tau^s = P_0 + \beta(N - \eta_0) - \beta N \dfrac{1}{\tau k}$。当 $\tau = \dfrac{1}{k}$ 时，资本市场形成的稳态价格为地板价格；当 $\tau > \dfrac{1}{k}$ 时，市场形成的稳态价格将高于地板价格。

证明： 令 $\dfrac{\mathrm{d}\pi_i(t)}{\mathrm{d}t} = 0$，可以得出：

$$\begin{aligned}
\pi_i^s &= \dfrac{\varphi \sum_{j=1}^{N} a_{ij} \pi_j^s}{\sum_{j=1}^{N} a_{ij} \pi_j^s + 1 - \theta} \\
&= 1 - \dfrac{1}{1 + \sum_{j=1}^{N} a_{ij} \pi_j^s}
\end{aligned} \qquad (4.7)$$

由于交易者形成的社会网络为正则网络，故对于任意的交易者 i 和交易者 j 我们有 $\pi_i^s = \pi_j^s$。于是由式（4.7）可以得出：

$$\pi_i^s = \pi_j^s = 1 - \dfrac{1}{\tau k}$$

设市场达到稳定状态时，股票的稳态价格为 P_τ^s，则有：

$$\begin{aligned}
P_\tau^s &= P_0 + \beta E(\eta(t) - \eta_0) \\
&= P_0 - \beta \eta_0 + \beta E \eta(t) \\
&= P_0 - \beta \eta_0 + \beta \sum_{i=1}^{N} \pi_i^s \, (\, E s_i(t) = \pi_i(t)) \\
&= P_0 + \beta(N - \eta_0) - \beta N \dfrac{1}{\tau k}
\end{aligned} \qquad (4.8)$$

由式 (4.8) 可知，当 $\tau = \dfrac{1}{k}$ 时，稳态价格是唯一确定的，并且等于地板价格 $P_\tau^s = P_0 + \beta(N - \eta_0) - \beta N \dfrac{1}{\tau k}$。当 $\tau > \dfrac{1}{k}$ 时，稳态价格将高于地板价格。命题得证。

从命题 4.2可以看出，如果资本市场中的交易者形成了正则社会网络，那么股票稳态价格的形成与交易者之间的综合信息影响力 τ 和网络特征结构中网络的

度 k 有关。值得注意的是，这一结论并不与命题 4.1 的结论相违背。实际上，对于任意度为 k 的正则网络，都有 $\frac{1}{k} = \frac{1}{\rho_A}$。结合命题 4.1，当 $\tau > \frac{1}{\rho_A}$ 时，股票的稳态价格高于地板价格。为保证概率的意义成立，我们必须有 $\tau \geqslant \frac{1}{k}$。同时从命题 4.2可知，对于每一个 $\tau > \frac{1}{k}$，资本市场都存在唯一的稳态价格，即 $P^s = P_0 + \beta(N - \eta_0) - \beta N \frac{1}{\tau k}$。这一市场的稳态价格除了与初始的价格和股票持有者预期人数有关外，还会受到交易者之间的综合信息影响力 τ 和网络结构的度 k 的影响。对于唯一的市场稳定状态，我们可以理解为基于当前时刻的市场信息，交易者进行交流并使得信息充分传播所形成的市场预期的唯一不变的预期或者股票持有状态。

从上述的讨论可知，对于每一个外生给定的综合信息影响力 τ 都会对应一个最终的市场稳定状态，此时对应的稳态价格为 P^s_τ。基于正则网络下稳态价格的性质，我们可以得到下面的推论。

推论 4.1 假设资本市场中的第一类交易者构成度为 k 的正则社会网络，如果交易者之间的综合信息影响力 $\tau_1 > \tau_2 > \frac{1}{k}$，那么股票的稳态价格满足 $P^s_{\tau_1} > P^s_{\tau_2}$。

证明： 由命题 4.2可得稳态价格的表达式，即：

$$P^s_\tau = P_0 + \beta(N - \eta_0) - \beta N \frac{1}{\tau k} \tag{4.9}$$

由式（4.9）知，市场最终的稳态价格是正则网络的度的单调函数。于是对于任意的信息影响力 $\tau_1 > \tau_2 > \frac{1}{k}$，我们有 $P^s_{\tau_1} > P^s_{\tau_2}$，故推论得证。

4.2 价格信息反馈作用下的讨论

在本小节，我们考虑交易者不断地根据历史价格信息的反馈作用调整其对未来价格的预期的情形。这一反馈调整表现为历史价格收益的变化对交易者之间信息影响力的作用，即价格的变动带动股票收益率的变化，进而形成新的信息影响力，从而更新交易者基于邻居的信息交流以及自己的信息做出的未来价格的预期，使得市场中的交易者各自形成新的异质性预期。通过解析分析这一作用机制，我们给出股票价格动态演化过程中价格上升或者下降的条件。

命题 4.3 假设资本市场中的交易者形成了度为 k 的正则社会网络。对于任意时刻 t_0，股票的价格为 $P(t_0)$。如果股票的价格 $P(t_0)$ 低于基于此时信息所形

成的稳态价格 $P^s_{\tau(t_0)}$，即 $P(t_0) < P^s_{\tau(t_0)}$，那么股票的价格将以概率 1 升高，即：

$$\text{Prob}\left\{\left.\frac{\partial P(t)}{\partial t}\right|_{t=t_0} > 0\right\} = 1$$

反之，如果 $P(t_0) > P^s_{\tau(t_0)}$，那么股票的价格将以概率 1 下降，即：

$$\text{Prob}\left\{\left.\frac{\partial P(t)}{\partial t}\right|_{t=t_0} < 0\right\} = 1$$

证明： 我们只需证明股票的价格 $P(t_0)$ 低于稳态价格 $P^s_{\tau(t_0)}$ 的情况，另一种情况可类似证明。

任取非初始时刻 t_0，设交易者持有股票的人数为 $\eta(t_0)$，此时交易者之间的信息交流所对应的综合信息影响力为 $\tau(t_0)$。由命题 4.2 知：

$$P^s_{\tau(t_0)} = P_0 + \beta(N - \eta_0) - \beta N \frac{1}{\tau(t_0)k}$$

其中，$\beta > 0, P_0, \eta_0$ 分别为初始时刻的股票价格和持有股票的人数。

由价格的动态变化表达式 $d(P(t)) = \beta d(\eta(t)), \beta > 0$ 可得：

$$P(t_0) = P_0 + \beta(\eta(t_0) - \eta_0)$$

如果 $P^s_{\tau(t_0)} > P(t_0)$，那么可知 $\tau(t_0) > \frac{1}{k(1-\lambda(t_0))}$。其中，$\lambda(t_0)$ 表示时刻 t_0 持有股票的人数占第一类交易者总人数的比例。

以下将证明任意小的 $\Delta t \to 0$，当 $\tau(t_0) > \frac{1}{k(1-\lambda(t_0))}$ 时，有：

$$\text{Prob}\{P(t_0 + \Delta t) > P(t_0)\} = 1$$

根据前面的讨论，如果 $s_i(t_0) = 1$，那么：

$$s_i(t_0 + \Delta t) = \begin{cases} 1, & 1 - \theta(t_0)\Delta t \\ 0, & \theta(t_0)\Delta t \end{cases} \tag{4.10}$$

如果 $s_i(t) = 0$，那么：

$$s_i(t_0 + \Delta t) = \begin{cases} 1, & \varphi(t_0)n_i(t)\Delta t \\ 0, & 1 - \varphi(t_0)n_i(t)\Delta t \end{cases} \tag{4.11}$$

故可知 $\sum_{i=1}^{\infty} \dfrac{\mathrm{Var}(s_i(t_0+\Delta t))}{i^2} < \infty$。

又由于 $\{s_i(t_0+\Delta t), i=1,2,\cdots,N\}$ 是独立的随机变量序列[①]，则由科尔莫格罗夫强大数定律可得：

$$\mathrm{Prob}\left\{\lim_{N\to\infty}\frac{1}{N}\sum_{i=1}^{N}(s_i(t_0+\Delta t)-Es_i(t_0+\Delta t))=0\right\}=1$$

因为当 $N\to\infty$ 时有：

$$\frac{1}{N}\sum_{i=1}^{N}Es_i(t_0+\Delta t)$$

$$=\frac{1}{N}(Es_1(t_0+\Delta t)+Es_2(t_0+\Delta t)+\cdots+Es_N(t_0+\Delta t))$$

$$=\frac{1}{N}(Es_1(t_0+\Delta t)+\cdots+Es_{\eta(t_0)}(t_0+\Delta t)$$
$$+Es_{\eta(t_0)+1}(t_0+\Delta t)+\cdots+Es_N(t_0+\Delta t))$$

$$=\frac{1}{N}\eta(t_0)(1-\theta(t_0)\Delta t)+\frac{1}{N}(\varphi(t_0)n_{\eta(t_0)+1}(t_0)\Delta t+\cdots+\varphi(t_0)n_N(t_0)\Delta t)$$

$$=\frac{1}{N}\eta(t_0)(1-\theta(t_0)\Delta t)+\frac{1}{N}(N-\eta(t_0))\varphi(t_0)k\left(\frac{\eta(t_0)}{N}\right)\Delta t$$

$$=\frac{1}{N}\left(\eta(t_0)\left(1-\theta(t_0)\Delta t+(N-\eta(t_0))\varphi(t_0)k\left(\frac{\eta(t_0)}{N}\right)\Delta t\right)\right) \qquad (4.12)$$

令 $\tau(t_0)=\dfrac{\varphi(t_0)}{\theta(t_0)}$，于是当 $N\to\infty$ 时，如果 $\tau(t_0)>\dfrac{1}{k(1-\lambda(t_0))}$，那么：

$$\frac{1}{N}(\eta(t_0)(1-\theta(t_0)\Delta t)+(N-\eta(t_0))\varphi(t_0)k\left(\frac{\eta(t_0)}{N}\right)\Delta t)>\lambda(t_0)$$

也即 $\lim_{N\to\infty}\dfrac{1}{N}\sum_{i=1}^{N}Es_i(t_0+\Delta t)>\lambda(t_0)$。

由式（4.11）可得，当 $N\to\infty$ 时，对于任意的 $\varepsilon>0$ 有：

$$\frac{1}{N}\sum_{i=1}^{N}s_i(t_0+\Delta t)\in o\left(\frac{1}{N}\sum_{i=1}^{N}Es_i(t_0+\Delta t),\varepsilon\right)$$

[①] 假设每一个交易者在任意时刻 t 的预期状态是相互独立的。

以概率 1 成立，于是：

$$\text{Prob}\left\{\lim_{N\to\infty}\frac{1}{N}\sum_{i=1}^{N}s_i(t_0+\Delta t)>\lambda(t_0)\right\}=1$$

也就是说，当 $P^s_{\tau(t_0)}>P(t_0)$ 时，持有股票的人数以概率 1 增加。

由价格的动态变化表达式 $\mathrm{d}(P(t))=\beta\mathrm{d}(\eta(t)),\beta>0$ 可知，时刻 $t_0+\Delta t$ 的价格以概率 1 高于时刻 t 时的价格，即股票价格以概率 1 升高，即：

$$\text{Prob}\left\{\left.\frac{\partial P(t)}{\partial t}\right|_{t=t_0}>0\right\}=1$$

证毕。

命题 4.3给出了股票价格上升和下降的条件。该条件告诉我们，价格是否上升取决于当前时刻的价格与交易者基于当前信息所形成的稳态价格的相对大小。如果 $P^s_{\tau(t_0)}>P(t_0)$，我们可以理解为基于现有的信息交易者判断股票的稳态价格将高于当前时刻的价格，故交易者预期市场利好，从而将纷纷买入股票，使得下一时刻资本市场中持有股票的人数会以概率 1 增加，进而导致股票价格以概率 1 升高。反之，如果 $P^s_{\tau(t_0)}<P(t_0)$，市场中的交易者会认为市场最终的股票稳态价格将低于股票现价，他们认为此时的股票处于被高估的状态，故他们相信股票价格将在不久的未来下跌，这使得交易者们将开始抛售股票，最终导致股票价格以概率 1 下降。注意到基于命题 4.2中关于信息影响力外生给定时的讨论，我们知道稳态价格的形成与信息影响力和网络结构有关。因此，结合命题 4.2和命题 4.3的结论可以得出，股票价格的动态运动过程实质上是与交易者之间的信息影响力和网络结构的相对关系密切相关的。

由于基于交易者信息交流的一般社会网络结构的价格表达式无法显示给出，但根据命题 4.3，我们已经知道正则网络有效地刻画了社会网络的特征。基于上述讨论，我们给出资本市场中交易者构成一般意义上的社会网络价格动态演化过程中价格上升或者下降的条件的猜想。

猜想 4.1 假设资本市场中的交易者通过信息交流形成社会网络 G，对于任意时刻 t_0，股票的价格为 $P(t_0)$。如果基于此时信息交易者所形成的稳态价格 $P^s_{\tau(t_0)}$ 高于股票的价格 $P(t_0)$，即 $P^s_{\tau(t_0)}>P(t_0)$，那么股票的价格将以概率 1 升高，即：

$$\text{Prob}\left\{\left.\frac{\partial P(t)}{\partial t}\right|_{t=t_0}>0\right\}=1$$

类似地,如果基于此时信息交易者所形成的稳态价格 $P^s_{\tau(t_0)}$ 低于股票的价格 $P(t_0)$,那么股票的价格将以概率 1 下降,即：

$$\text{Prob}\left\{\left.\frac{\partial P(t)}{\partial t}\right|_{t=t_0} < 0\right\} = 1$$

4.3 股票价格的实现机制及特性

根据第 3 章的讨论可知,资本市场中的交易者预期、交易者行为和股票价格是相互作用的,这种相互作用构建了社会交流、交易者预期和股票价格所组成的自适应系统,即：

$$\frac{\mathrm{d}\pi_i(t)}{\mathrm{d}t} = \varphi(t)n_i(t)(1-\pi_i(t)) - \theta(t)\pi_i(t)$$

$$\pi_i(t) = \text{Prob}\{s_i(t) = 1\}$$

$$\eta(t) = \Sigma_{i=1}^N s_i(t)$$

$$\mathrm{d}(P(t)) = \beta \mathrm{d}(\eta(t)), \beta > 0$$

$$\varphi(t) = \frac{1}{1+e^{-k_1 \times (R(t)-b_1)}}$$

$$\theta(t) = \frac{1}{1+e^{k_2 \times (R(t)-b_2)}}$$

$$R(t) = f_1 \times r_s(t) + f_2 \times r_m(t) + f_3 \times r_l(t)$$

其中,k_1、b_1、k_2、b_2 为资本市场的外生参数；$R(t)$ 为股票历史收益率的线性组合；$r_s(t)$、$r_m(t)$、$r_l(t)$ 分别代表短期、中期和长期的股票收益率；f_1、f_2、f_3 为相应的短期、中期和长期股票收益率所对应的权重值。

自适应性是该金融系统的重要特征之一,这种自适应性表现了交易者预期、交易者行为和股票价格等经济变量的内生性和自我实现的本质。即交易者会根据社会交流形成异质性预期,而预期会影响交易者的行为,进而决定了市场均衡价格,新形成的市场价格会通过社会交流作用于交易者之间的信息影响力,进而影响着新的交易者预期的形成,这一循环的相互作用使得股票价格形成了自然的自我实现机制。

事实上,股票价格的形成机制不仅是自我实现的,并且这种自我实现是反复强化的过程。这意味着,股票价格的大幅上涨往往会带动价格下一时期或者之后的一段时期内的继续上涨,而价格的下跌也可能会带动价格下一时期或者之后一段时期内的持续下降。更为极端的情形是,价格的大幅上涨会一直持续,直至产生股票的价格泡沫；而持续下跌则会导致泡沫的瞬间崩溃。为此，诸多学者通过对资本市场的实证分析，给出了资本市场中很多股票价格持续同一趋势运动的实例分析。由于该领域方面的理论性分析较少，故我们在此详细讨论分析股票价格运动的这类特征，并将其归为股票价格自我实现机制的一个特性，称之为股票价格的自我强化特性。

我们给出股票价格自我强化特性的定义，该特性分为正向自我强化和负向自我强化。

定义 4.1 价格的正向自我强化过程（positive self-reinforcing process）。

如果对于任意时段 I，价格运动满足下列条件：

（1）股票价格在时段 I 内以概率 1 上升；

（2）稳态价格在时段 I 内持续上升。

定义 4.2 价格的负向自我强化过程（negative self-reinforcing process）。

如果对于任意时段 I，价格运动满足下列条件：

（1）股票价格在时段 I 内以概率 1 下降；

（2）稳态价格在时段 I 内持续下降。

股票价格的自我强化是价格实现过程中所表现出来的特性，满足一定的条件后，股票价格在运动变化的过程中就会形成正向的自我强化或者负向的自我强化过程。接下来，本书将深入探究股票价格实现正向或者负向自我强化过程的机制，在此之前，我们基于股票价格与历史收益率的关系，给出以下几个条件 (conditions)。任取时刻 t_0，对于任意小的 Δt 满足以下条件。

收益上升 (return up, RU) 条件，价格上升带动历史收益率随之上升，即：

$$P(t_0) < P(t_0 + \Delta t) \Longrightarrow R(t_0) < R(t_0 + \Delta t)$$

强收益上升 (strength return up, SRU) 条件，价格下降而历史收益率随之上升，即：

$$P(t_0) > P(t_0 + \Delta t) \Longrightarrow R(t_0) < R(t_0 + \Delta t)$$

收益下降 (return down, RD) 条件，价格下降带动历史收益率随之下降，即：

$$P(t_0) > P(t_0 + \Delta t) \Longrightarrow R(t_0) > R(t_0 + \Delta t)$$

强收益下降 (strength return down, SRD) 条件，价格上升而历史收益率随之下降，即：

$$P(t_0) < P(t_0 + \Delta t) \Longrightarrow R(t_0) > R(t_0 + \Delta t)$$

股票价格的动态演化首先是一个自我实现的过程，这表现在没有新信息进入的前提下，交易者基于已知历史的价格信息形成新的价格预期，从而做出相应的交易决策，进而形成新的股票价格。在满足下述条件时，我们将发现股票价格这一自我实现机制可以实现正向或者负向的自我强化。

命题 4.4 在任意时段 I 内，对于任意时刻 $t \in I$，如果价格满足 RU（SRU）条件，并且稳态价格 $P_{\tau(t)}^s > P(t)$，那么价格将实现正向的自我强化过程；反之，如果价格满足 RD（SRD）条件，并且稳态价格 $P_{\tau(t)}^s < P(t)$，那么股票价格将实现负向的自我强化过程。

证明： 我们只证明价格实现正向自我强化，负向的自我强化情形可类似证明。由于

$$\frac{\partial P_{\tau(t)}^s}{\partial t} = \frac{\partial P_{\tau(t)}^s}{\partial \tau(t)} \cdot \frac{\partial \tau(t)}{\partial R(t)} \cdot \frac{\partial R(t)}{\partial t} \tag{4.13}$$

由推论 4.1 可知，对于正则网络而言，稳态价格是信息影响力 τ 的单增函数，即：

$$\frac{\partial P_{\tau(t)}^s}{\partial \tau(t)} > 0$$

根据信息影响力函数的性质知，信息影响力 τ 是历史收益率 $R(t)$ 的单调增函数，即：

$$\frac{\partial \tau(t)}{\partial R(t)} > 0$$

又因为股票价格满足 RU（SRU）条件，即有：

$$\frac{\partial R(t)}{\partial t} > 0$$

结合命题 4.3，如果价格满足 $P_{\tau(t)}^s > P(t)$，则价格将以概率 1 上升。由价格自我强化的定义可知，股票价格实现了正向的自我强化过程。

由命题 4.4 可以看出，股票价格实现正向或者负向自我强化不仅与 RU（SRU）条件或者 RD（SRD）条件有关，还与市场最终形成的稳态价格与当前时刻的价格的相对大小有关，这可以归纳为两个方面：价格的真实动态行为和交易者预期的价格行为。对价格实现正向的自我强化过程而言，价格的真实动态行为表现为当前价格的上升（下降），都会使得价格的历史收益率上升，这说明真实的价格在一段时间内呈现出利好趋势；而交易者预期的价格行为表现为如果最终市场的稳态价格大于当前价格，那么交易者们则预期价格会有上升的运动趋势，即对当前市场充满信心，看好股票市场。综上可以看出，只要股票价格的真实动态变化表

现出利好的趋势，并且市场中的交易者也预期价格会表现出较好的上升趋势，那么股票价格就会在一段时间内保持上升的态势，即实现价格的正向自我强化过程。对于价格的负向自我强化而言，该强化过程可以看作价格的 RD（SRD）条件和稳态价格相对当前价格的大小关系共同作用的结果，即股票价格的真实运动表现为下降趋势，并且市场中的交易者预期股票最终的稳态价格也会低于当前价格，因此，股票价格将实现负向的自我强化过程。

4.4 本章小结

本章基于第 3 章所构建的社会交流、交易者预期与股票价格形成的资本市场非线性系统对股票价格进行理论分析，是全书的重点章节之一。在资本市场自适应系统的框架下，本章深入讨论并分析了股票价格的动态行为演化。

首先，我们给出了资本市场最终形成稳态的定义。这一定义意味着市场最终达到稳态时，交易者所持有股票的状态保持不变，市场不再产生新的股票需求，此时形成的股票价格称之为稳态价格。我们分别考虑了交易者之间信息影响力外生给定和受到价格信息反馈作用下内生的两种情形，对股票价格进行动态分析。

其次，对于交易者之间信息影响力外生给定的情形，本章通过理论分析得出了资本市场形成唯一稳定状态的条件，并发现这一条件与信息影响力和社会网络的结构特征（谱半径）的相对大小密切相关，这也决定着股票价格的动态演化（命题 4.1）。进一步，当考虑社会网络结构为正则网络时，我们给出了股票的稳态价格的显示表达式，并研究了资本市场最终形成的稳态价格的性质（命题 4.2）。

再次，对于信息影响力受到股票收益的反馈作用的情形，我们基于所构建的股票价格形成机制，给出了股票价格上升和下降的条件（命题 4.3），这一条件严格依赖于股票的稳态价格与当前价格的相对大小关系。并且，结合命题 4.2 的研究结论可以得出，股票价格上升或者下降的动态变化实质上取决于交易者之间的信息影响力和市场中交易者们所形成的社会网络的网络结构。

最后，我们详细探讨了交易者预期、股票价格和社会交流所构成的自适应系统价格实现机制的特性——自我强化，这一自我强化特性分为正向的自我强化和负向的自我强化过程。主要表现为股票价格的大幅上涨往往会带动下一时期或者之后一段时期内的继续上涨，而价格的下跌会带动下一时期或者之后一段时期内价格的持续下降。通过解析分析，我们给出了股票价格实现正向或者负向自我强化过程的条件，这一条件表现为两个方面：价格的真实动态行为和交易者预期的价格行为（命题 4.4）。这两个方面主要表现在，如果股票价格的真实运动表现为上升趋势，并且市场中的交易者也预期股票最终的稳态价格会高于当前价格，即交易者预期市场利好，那么股票价格将实现正向的自我强化过程；反之，如果股票价格的真实动态变化表现为趋势下降，并且市场中的交易者预期股票价格也呈现下降趋势，那么股票价格将实现负向的自我强化过程。值得注意的是，股票价格实现机制中的自我强化特性决定了其价格运动中的诸多特征，在下一章的讨论中，我们将基于价格的自我强化这一特性解释股票价格运动过程中的动态变化以及股票泡沫的产生与破灭过程。

第5章 基于小世界网络的资本市场演化动态的数值讨论

资本市场是一个复杂的非线性互动的经济系统，交易者的社会交流、交易者异质性预期、交易者行为和资产价格等各个经济变量相互作用、交互演化形成了我们所看到的宏观盛况。第 4 章已经基于社会网络结构对资本市场的价格动态进行了理论分析，并给出了股票价格运动过程中的自我强化等诸多特征。基于第 4 章的理论分析，本章将以瓦茨和斯托加茨（1998）提出的小世界网络为基础数值讨论资本市场中的交易者预期、交易者行为和股票的动态价格，并详细分析股票泡沫的产生与破灭过程的实现机理，本章的数值模拟实现应用 MATLAB 软件进行。

5.1 社会网络的"小世界"验证

社会网络是一个团体或者一群人按照某种关系相互连接而构成的复杂系统，资本市场中的社会网络是交易者之间进行信息交流的基础，这种交流依赖于网络的结构，并且交易者的行为和资产价格动态也与社会网络的机构密切相关。通过第 2 章的介绍，我们知道网络结构可以是规则网络、随机网络、小世界网络和无标度网络等结构，那么现实世界中的社会网络具有什么样的结构特征呢？事实上，社会学中对社会网络的研究已有相当长的历史，诸多学者对真实世界的社会网络结构开展了实验研究，并验证社会网络具备"小世界"特征。

5.1.1 米尔格拉姆（Milgram）小世界实验

在交流中，我们很多人可能都会有这样的经历：与一个陌生人聊了一会儿天之后，你发现你认识的某个人居然他也认识；当你浏览微信朋友圈点赞时，你会惊奇地发现你和某个好友会同时认识同一个人。类似这样的经历让我们不禁感叹"世界好小"，不禁疑惑对于地球上任意的两个陌生人，借助于第三个人、第四个人等间接连接来建立这两个陌生人的联系平均需要多少个中间人呢？

20世纪60年代，哈佛大学的社会心理学家米尔格拉姆（Milgram，1967）通过对美国社会的调查实验给出了上述问题的答案，这就是最为著名的六度分割推断（Six degrees of separation）。实验初期，米尔格拉姆选定了两个目标对象：一个是美国波士顿的一位证券经纪人，另一个是美国马萨诸塞州沙朗的一位神学院研究生的妻子。之后，他招募了另外两个州即堪萨斯州和纳布拉斯州的一些志愿者。这些志愿者被要求将一封信件移交到自己所认识的人手里，并通过所认识的人最终转交到实验中一个给定的目标对象手里，并且这些传递被要求使用尽量少的传递人数。在这个实验中，米尔格拉姆一共送出了300封左右的信件，他根据最终到达目标对象的信件数据统计分析发现，从一个志愿者手中到其对应的一个目标对象手中，所传递的平均次数为6。米尔格拉姆据此给出推断：地球上任意两个人之间的平均距离是6，也就是说平均意义上只需要5个人，我们就可以和地球上任意一个地方的任何一个陌生人取得联系。

尽管在米尔格拉姆的实验中，并不是每一封信件都会成功地传递给目标对象，而且以现在的统计观点来看实验的成功率以及它的可信度甚至值得怀疑，但是这个著名的实验在某种程度上验证了人与人关系的"小世界"特征，这对以后社会网络的发展具有重要意义。

5.1.2 贝肯（Bacon）游戏

贝肯游戏是20世纪90年代末的一个著名游戏，该游戏的主角是美国著名演员贝肯，游戏规则是把贝肯演员和世界上任意一个演员联系起来，进而定义一个贝肯数。演员个体以及演员与演员之间的联系构成了一个社会网络，贝肯数描述了这个演员社会网络中的任意一个人到贝肯的最短路径。如果一个演员和贝肯一起出演过一个电影，那么他的贝肯数定义为1；如果一个演员并没有和贝肯出演过一个电影，但是他却和贝肯数为1的演员共同演过一个电影，那么该演员的贝肯数定义为2，以此类推，贝肯游戏可以给出了每一个演员的贝肯数。

基于贝肯游戏，我们不禁要问平均的贝肯数是多少？美国佐治亚（Virginia）大学计算机系的科学家们建立了一个全世界电影演员的数据库[1]，该数据库放在网上可供查询。该数据库总共涵盖了世界各地的近60万名电影演员的参演信息以及30万部电影的相关信息，查询者可以通过简单地输入演员的名字就可以知道该演员的贝肯数。经过对近60万名演员的数据统计分析，这些学者们发现演员社会网络的平均贝肯数仅为2.944，而最大的贝肯数也仅仅为8。贝肯游戏说明，

---

[1] http://www.cs.virginia.edu/oracle/。

全世界演员所组成的社会网络同样具备"小世界"特征。

5.1.3 厄多斯（Erdös）数

现实世界中存在着诸多关系相连的社会网络，除演员社会网络之外，许多研究还表明，学者之间的合作网络同样是"小世界"的，最为著名的研究是数学家们的厄多斯数实验。

类似于影视界计算每个演员的贝肯数，科学界则普遍流行着计算每个数学家的厄多斯数的游戏。厄多斯本人是 20 世纪最为著名的数学家之一，由于厄多斯大部分的文章都是和大约 500 位其他研究人员一起合作完成的，因此，可以通过与厄多斯是否合作共同发表过文章的合作研究关系定义厄多斯数。如果和厄多斯本人合作过文章，那么该学者的厄多斯数定义为 1；如果与厄多斯本人未合写发表过文章，但却与厄多斯数为 1 的人合作写过文章，那么该类学者的厄多斯数均定义为 2，以此类推，可以给出大多数学者的厄多斯数。

5.1.4 互联网上的小世界实验

尽管上述几个实验通过对不同人群所组成的社会网络研究均验证了网络的"小世界"特征，但由于这些实验的规模尺度相对较小，所得出的"小世界"结论并不足以推广到全世界的社会网络范围。因此，美国哥伦比亚大学社会学系的瓦茨等人于 2001 年开始在全世界范围内进行小世界实验，该实验是验证"六度分割"推断是否成立的网上在线实验，实验成果载于 2003 年 8 月的《科学》期刊（Watts et al., 2002）。

在线实验是这样进行的：瓦茨等人建立了一个小世界项目的网站，并招募了一些志愿者。这些志愿者们在网站注册后可以得到一些目标对象的信息，目标对象包括了世界范围内的各个年龄、种族、职业以及社会各个经济阶层的陌生人。志愿者的任务是将一条消息通过邮件转发的形式传递到指定的目标对象那里，如果志愿者不直接认识指定的目标对象，他们可以通过向网站提供其觉得合适的一个朋友的电子邮件地址，从而通过朋友的转发将邮件移送到指定的目标对象那里。和米尔格拉姆实验类似，他们被要求传递给那些他们认为能够以最短的转发人数传递的朋友。如果朋友同意转发，实验继续进行，直到邮件被转发到指定的目标对象手中。

该实验历时一年多的时间，总共有 166 个国家和地区的 6 万多名志愿者和 13 个国家的 18 名目标对象参与了实验，最终有 384 个志愿者的电子邮件成功转发到了目标对象那里。瓦茨等（2002）的统计分析结果发现，每封邮件只需要平均转发 5~7 次就可以到达目标对象那里。该实验扩大了米尔格拉姆小世界实验的规模，在全世界范围内验证了社会网络的"小世界"特征。

除上述几个经典实验外，社会网络的"小世界"特征被越来越多的实验所验证。2011 年 11 月，Facebook 网站公布了截至当时最大规模的小世界特征验证的实验结果。该研究中包括了 Facebook 社交网站上的大约 7.21 亿活跃用户以及 687 亿条他们之间的朋友关系连接，总的用户数超过了当时全世界人口总数的 10%。尽管实验的规模已经很大，但结果显示，Facebook 社交网站上两个用户之间的平均距离仅为 4.74，同样具备"小世界"特征（Backstrom et al., 2012）。

这些社会网络的"小世界"验证的研究不仅在社会学的发展史上具有重要影响，也积极推动了网络科学的发展与普及，同时对于经济和金融活动中社会网络的相关研究具有重要作用。经济学研究资源在经济个体之间的有效配置，因此，对于将社会网络应用到经济学的研究，我们必须了解处在经济行为人所构成的社会网络的结构特征。由于对资本市场中交易者的社会网络研究刚刚起步，因此并没有具体的经验研究来估计交易者的社会网络结构。但从上述的经典实验可以看出，小世界网络存在于社会生活中的众多领域，有效地刻画了社会活动中人与人之间的信息交流结构。不失一般性，本书假设资本市场中的社会网络满足"小世界"特征，并应用瓦茨和斯托加茨（1998）的小世界网络构建交易者之间相互交流的社会网络。

5.2　模拟方法的选取与设定

基于多智能体模型（agent based model，ABM）的系统仿真是研究复杂系统的重要数值方法，已有很多文献应用基于多智能体（Agent）的系统仿真模拟演化经济复杂系统中行为人的演化动态。本章我们将基于资本市场中交易者所构成的小世界社会网络，应用 ABM 的模拟方法对交易者的信息交流、异质性预期、交易者行为以及股票价格的动态演化进行模拟，进一步探讨股票价格的动态行为。

5.2.1　基于 Agent 的复杂系统仿真

系统是相互关联、相互作用的个体所组成的具有某种功能的有机整体。不同的系统都会具有一些共同的特性，如第 3 章所构建的社会交流、交易者预期和股票价格的非线性系统，由于系统内各个变量的不断演化，"复杂性"已成为系统最大的特性之一。

对于复杂系统的界定，虽然没有统一的定义，但不同研究学派的学者从各自的角度对其做出了解释。例如，钱学森根据系统的复杂性将系统分为简单系统和巨系统两个大类，其中，巨系统又可分为简单巨系统、复杂性巨系统和特殊复杂性巨系统，这种复杂性巨系统也可以理解为现实生活中的社会系统。加拉格尔和阿彭泽勒（Gallagher & Appenzeller, 1999）给出强调系统的"涌现性"特征的描述："复杂系统是通过对一个系统的分量部分或子系统的了解，不能对该系统的整体性质作出完全解释的系统。"成思危（1999）在《复杂科学与系统工程》一文中指出凸显"自适应性"的描述："复杂系统最本质的特征是其组成元素具有某种程度的智能，即具有了解其所处的环境、预测变化、并按预定目标采取行动的能力。"复杂系统的最本质特征是其组成成分具有高度的智能，也即个体自组织、自适应、自驱动的能力，这实际上也是生物进化、技术革新、经济发展和社会进步的内在原因。

自 20 世纪 80 年代以来，系统复杂性的建模范式一直受到与圣塔菲研究所（Santa Fe Institute, SFI）有联系的经济学家以及来自世界范围内的物理学、生物学和计算机科学等不同领域中各种学科的科学家们的推崇。长期致力于从事复杂性科学的圣塔菲研究所通过对大量具体应用系统的研究，找到了一条基于学科间的恰当解决复杂性问题的道路，其中复杂适应系统是最具有价值的一类研究。基于 Agent 的建模仿真方法则是在复杂适应系统（complex adaptive system，CAS）的理论指导下，结合自动机网络模型以及计算机仿真等技术来研究复杂系统的一种有效方法。CAS 理论是约翰·霍兰德（John Holland）于 1994 年在圣塔菲研究所成立十周年的专题讲座中提出的，CAS 理论是复杂性科学的一个重要分支。该理论以进化的角度认识复杂系统，形成了一套较为完整的理论体系，对我们认识、理解、控制和管理复杂系统提供了新的思路。

基于 Agent 的系统仿真的体系结构是一种新的建模与仿真方法，是基于复杂适应系统的一种新的建模体系。与传统的"自上而下"（系统分析与描述 → 建立系统数学模型 → 系统的仿真模型 → 模型验证）的建模方法不同，基于 Agent 的复杂系统仿真则是从微观个体出发的一种"自下而上"的建模方法，这种仿真方法不仅可以描述系统的主体元素及主体之间的相互关系，还可以有效地利用系统 Agent 的局部连接函数、规则和局部细节，从而建立复杂适应系统的整体模型。因此，基于 Agent 的复杂系统仿真能够构建系统中的微观个体之间的关系，从而影响着整个仿真系统的实现与运转。在本书的研究中，我们建立了基于社会网络的资本市场的非线性复杂系统，基于 Agent 的复杂仿真系统的交互结构如图 5.1 所示。

图 5.1描述了从资本市场复杂系统的局部行为到全局的动力学行为的表征性质。事实上，经济系统也是由许多独立的经济行为人以及他们之间的互动形成的非线性系统，每个个体的行为决策又依赖于其他行为人的状态和行为，因此可以

看作一类复杂适应系统（CAS）。经济系统这样的复杂性和适应性使得基于 Agent 的系统仿真能够完美地刻画经济体中行为人的决策，因此，图 5.1 可以理解为显示了从经济系统中的局部细节即经济个体，并研究微观个体到系统全局的表现（整体行为）间的循环反馈和校正。在资本市场的研究中，可以将市场中经济个体的投资决策看作微观层面的局部个体行为，将资产价格所表现的复杂变化看作宏观层面的整体复杂行为，即表示为经济市场的复杂系统中经济个体的微观行为层面到宏观价格层面的示意。基于 Agent 的整体建模仿真方法的模拟能提供真实反映现实资本市场的复杂性，体现出经济系统分布交互、无全局控制者、分层组织、不断地自我调整适应、非平衡动力学的特征环境。

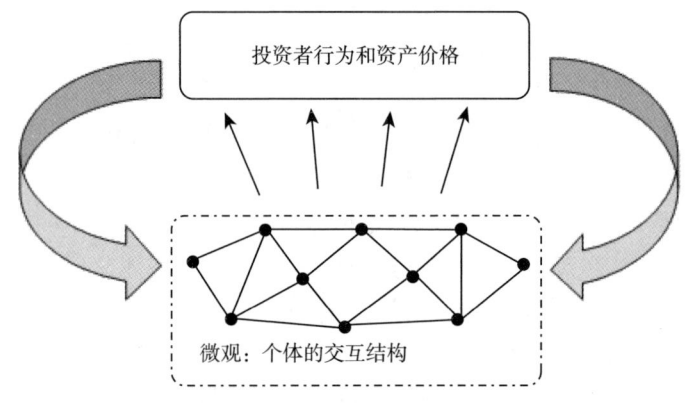

图 5.1　复杂仿真系统的交互结构

　　根据资本市场中交易者相互连接的社会属性，微观个体的行为并不是独立存在的，交易者通过相互的结构关系影响着彼此的投资决策行为。我们应用小世界网络模型刻画系统内个体即交易者的相互关系，并基于 Agent 的复杂系统仿真模拟分析第 3 章所构建的社会交流、交易者预期和股票价格的非线性复杂适应系统，应用社会网络刻画交易者的微观交互结构，完成从资本市场微观个体到宏观资产价格的构建与模拟。基于 Agent 的建模仿真方法在具体的应用模拟中常常借助计算机仿真工具和平台等来研究从小规模简单的个体行为到大规模复杂的系统涌现的方法。由于平台硬件有限，我们主要应用 MATLAB 软件平台实现 WS 小世界网络的生成机制、异质性预期形成与转换、交易者行为与股票价格行为的动态模拟等相应的系统仿真。

5.2.2　模型的基本设定

　　在基于 Agent 的复杂系统仿真的实际应用模型中，往往会根据不同的应用背景选取不同的主体之间相互连接的拓扑结构。例如，对于通信网络，往往会根据数据的流量信息构建不同的星状网络结构。如 5.1 中的分析，本书是基于资本市场中交易者信息交流的社会网络建模，因此，根据市场中交易者相互连接的社会属性，应用小世界网络模型刻画系统内交易者之间相互联系的拓扑结构。参照 WS 小世界网络构造机制，本书所采用的小世界网络模型的构造算法主要分为以下两步：

（1）初始时构造一个一维的正则环状网络，其中节点数为 N，网络中的每个节点都与它左右的节点有 $K/2$ 的对称连接，故每个节点共有 K 个邻居；

（2）随机化重连：以概率 π 随机地重新连接正则环状网络中节点与节点之间的每条边，排除自我连接和重复连边的可能性。

设资本市场存在的第一类交易者人数为 $N = 5000$，市场中的每一个交易者初始与左右各 10 个相邻的交易者相连，即每个交易者共有 $K = 20$ 个邻居，设定重新连边的概率为 $\pi = 0.001$。因此，按照算法规则所生成社会网络的平均度为 20，网络的谱半径的倒数 $1/\rho_A$ 为 0.0497。

根据第 3 章的讨论，社会交流、交易者行为和股票价格形成了一个非线性的复杂自适应金融系统，即：

$$\frac{\mathrm{d}\pi_i(t)}{\mathrm{d}t} = \varphi(t)n_i(t)(1-\pi_i(t)) - \theta(t)\pi_i(t)$$

$$\pi_i(t) = \mathrm{Prob}\{s_i(t) = 1\}$$

$$\eta(t) = \Sigma_{i=1}^{N} s_i(t)$$

$$\mathrm{d}(P(t)) = \beta \mathrm{d}(\eta(t)), \beta > 0$$

$$\varphi(t) = \frac{1}{1 + e^{-k_1 \times (R(t) - b_1)}}$$

$$\theta(t) = \frac{1}{1 + e^{k_2 \times (R(t) - b_2)}}$$

$$R(t) = f_1 \times r_s(t) + f_2 \times r_m(t) + f_3 \times r_l(t)$$

其中，k_1、b_1、k_2、b_2 为资本市场的外生参数；$R(t)$ 为股票历史收益率的线性组合；$r_s(t)$、$r_m(t)$、$r_l(t)$ 分别代表短期、中期和长期的股票收益率；f_1、f_2、f_3 为相应的短期、中期和长期股票收益率所对应的权重值。此处我们设定短期、中期和长期的股票收益率分别为月、季度和年收益率，相应的权重分别为 0.2, 0.3, 0.5。

接下来，我们将根据基于 Agent 的复杂系统仿真方法以及上述所给定的小世界模型和系统参数，模拟资本市场的复杂自适应系统的演化动态，并给出价格的动态变化和股票价格泡沫等现象的合理性解释。

5.3 资本市场的模拟演化

假设资本市场中的交易者组成了小世界的社会网络 G，交易者通过该网络与其他邻居信息交易者进行交流，资本市场系统中各个经济变量的演化动态可做如下描述。

期初，资本市场中的每个交易者已知当前时刻及之前的股票价格信息，所有的交易者对未来价格具有相同的初始预期状态。在进行期末的交易决策前，每个交易者会根据社会网络结构与他们相连的邻居交易者进行信息交流，进而获取他们邻居的股票持有情况等相关信息，从而调整他们的信息集。在信息影响力的作用下，市场中的交易者更新调整对未来股票价格的预期，产生对股价的异质性预期。异质性预期产生了异质的需求与行为策略，持有股票的交易者可能卖出股票变成未持有者，也可能使得未持有股票的交易者买入股票变为持有者。期末，所有交易者做出买卖决策，他们调整股票的持有状态，成为新的股票持有者或者未持有者，当总需求等于总供给时，市场出清并形成了新的均衡价格。考虑到价格对交易者预期形成的反馈作用，交易者在社会交流的作用下形成新的异质性预期，从而导致异质的行为策略，演化生成新一轮的股票价格，以此类推，形成了社会交流、交易者预期和股票价格构成的非线性动力系统的动态演化。

5.3.1 异质性预期的演化动态：一个简单的例子

资本市场中交易者的异质性预期是交易者对未来价格走势的预测，直接影响着交易者行为。第 4 章的理论分析已经说明网络结构对交易者异质性预期的形成具有关键性作用，不同网络结构会导致交易者形成不同的预期。因此，我们需要重点探讨不同的网络结构下，交易者的预期状态是如何进行动态演化的。本小节将基于简单的社会网络结构模拟演化交易者的预期状态。

假设资本市场中只存在 4 个交易者，他们构成了不同结构的社会网络，我们据此分析不同社会网络结构下交易者预期的演化动态。首先，我们构建一个只有 4 个交易者的社会网络，包含 4 个交易者的网络结构一共有 5 种，如图 5.2 所示。

假设市场中的初始状态只有 1 位交易者持有股票，这从社会网络中的个体节点中随机选取。根据图 5.2 中 5 种不同的网络结构，我们模拟生成资本市场最终达到稳定状态时各个节点位置的交易者处于乐观预期状态的概率分布 $\pi_i, i = 1, 2, 3, 4$，详见表 5.1[①]。

[①] 根据第 3 章的讨论，我们已经知道信息影响力和网络结构的谱特征的相对大小关系影响最终市场的稳定状态。这里我们选取相应的参数，保证市场最终形成了交易者持有股票概率不为零的稳定状态。

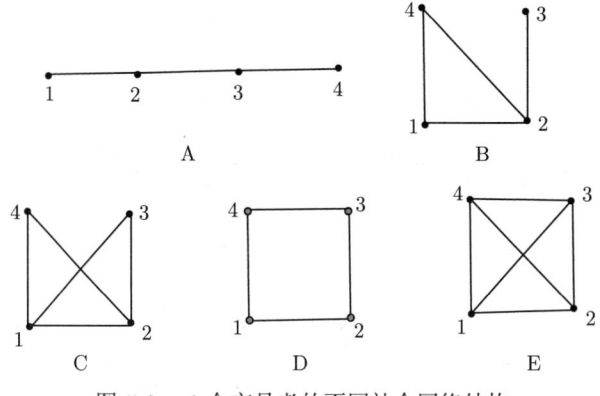

图 5.2 4 个交易者的不同社会网络结构

表 5.1 稳定状态下的异质性预期

Prob	π_1	π_2	π_3	π_4
A	0.1274	0.2382	0.2382	0.1274
B	0.2207	0.2549	0.1271	0.2207
C	0.5026	0.4172	0.5026	0.4172
D	0.0701	0.0701	0.0701	0.0701
E	0.6368	0.6368	0.6368	0.6368

从模拟结果可以看出，虽然对于不同的网络结构选取的参数不同，但模拟结果均表明，资本市场最终形成的稳定状态下交易者的预期状态都与交易者所处位置节点的网络结构有关。最直接的结果是，当初始的持有股票的个体随机选取时，交易者具有相同的连接个数的邻居最终达到稳定状态下的预期状态相同。通过这个简单的例子，我们可以清楚地看到网络结构对交易者预期的演化具有关键性影响。

5.3.2 资本市场的动态演化

假设资本市场中共有 N 个交易者，这 N 个交易者已知初始时期 T_0 和前 T 时期的股票价格信息，即股票价格的历史信息 $P(T_0), P(T_0-1), P(T_0-2), \cdots, P(T_0-T)$ 对所有交易者而言都是公开的信息。令 T_0 期的价格 $P(T_0)$ 为 2009 年 1 月 1 日的标普 500 指数，选定前 T 时期的股票价格为 2009 年全年的标准普尔 500 指数。设资本市场中持有股票的第一类交易者为 $\eta(0)$，不失一般性，令 $\eta(0) = N/2$，这意味着共有 $N/2$ 个交易者持有股票，我们从交易者构成的社会网络中随机选取这 $N/2$ 个交易者①。

---

① 资本市场最终形成的稳态与 $\eta(0)$ 的选取大小无关。

根据第 4 章的理论分析，我们选取合适的模型参数，使得资本市场最终达到稳定状态时交易者的持有股票概率不全为零。图 5.3 给出了股票价格的历史收益、信息影响力、市场中乐观预期人数和股票价格的模拟演化过程。

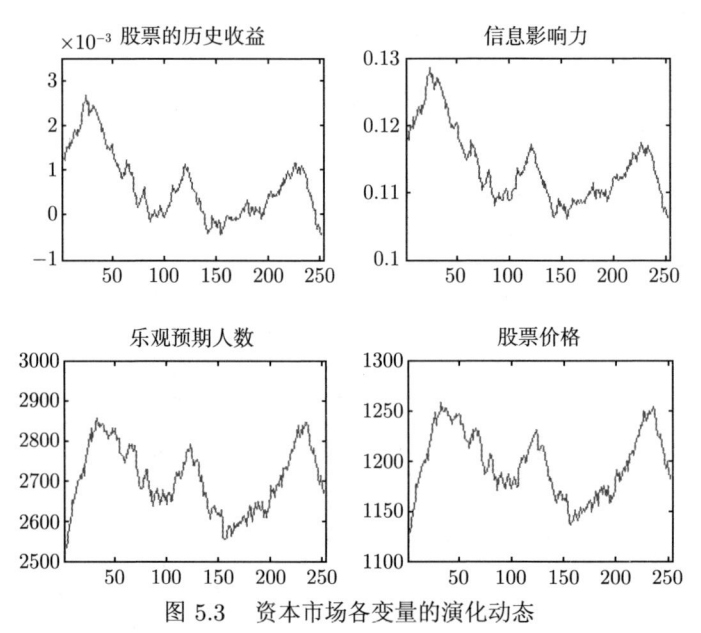

图 5.3　资本市场各变量的演化动态

参数设定：$\beta = 0.4, f_1 = 0.2, f_2 = 0.3, f_3 = 0.5; \eta(0) = N/2, k_1 = 89, b_1 = 0.09, k_2 = 10, b_2 = 0.03$。

图 5.3 描述了资本市场中各经济变量的自我实现过程，从模拟结果可以看出，股票的历史收益率、信息影响力、乐观预期人数、股票价格这 4 个变量形成了基本一致的变化趋势。初始时刻，股票价格处于较低的水平，从而使得价格在开始运动的一段时间内都会满足 RU（SRU）条件，使得对应的历史收益率上升，如图中股票历史收益的上升阶段。历史收益率的上升反馈到交易者之间的社会交流，使得交易者之间的信息影响力随之上升，市场中的交易者会基于各自的信息产生价格继续上涨的预期，即市场最终形成的稳态价格高于当前时期的价格，模拟结果表现为乐观预期人数的增加。于是交易者纷纷调整行为，更加倾向于持有股票，从而促使股票价格以概率 1 升高，如图 5.3 中股票价格的上升阶段所示。股票价格的持续上升进一步满足 RU（SRU）条件，从而使得上述过程持续进行，形成了股票价格的一系列自我强化。即使某些时刻价格会下降，但针对价格的运动变化总会满足 SRU 条件，使得交易者形成更高的市场稳态价格的预期，从而造成价格的上涨并进一步带动下一时期或者之后一段时期内的持续上涨，股票价格形

成了正向的自我强化过程。

当股票价格持续在某种高度运动时，价格的变化不再满足 RU(SRU) 条件，股票价格的上升会使得历史收益率逐渐减小，交易者基于已有信息所形成的市场稳态价格的预期有所下降。此时股票价格虽然整体还会以概率 1 上升，但上升的势头减弱。随着历史收益率的减小，交易者所形成的市场稳定状态下的价格预期随之下降，他们开始对市场失去信心，使得实际的价格上升空间有限甚至停留在此时的价格水平。

随着历史收益率的进一步下降，这样的下降趋势也带动了信息影响力的下降，从而使得交易者所形成的稳态价格预期进一步下降，并最终使得乐观预期人数出现明显的减少，股票价格开始呈下降趋势。类似于股票价格的正向自我强化过程，处于高位的股票价格也会形成信息影响力、交易者预期和股票价格的较为一致的运动演化，进而形成价格的负向自我强化过程。处于高位的价格在接下来一段时间内的运动将满足 RD（SRD）条件，即历史收益率下降，交易者基于当前信息所形成的资本市场稳态价格预期也会相应下降，乐观预期人数下降，从而使得市场的股票需求降低，价格以概率 1 开始下降。随着股票价格的逐步下降，价格的运动进一步满足 RD（SRD）条件，使得价格在较低的价格预期下以概率 1 继续下降。虽然在某些时刻会出现价格的暂时上升，但是由于考虑长期收益，价格的运动变化满足 SRD 条件，这使得价格的运动进一步降低股票的收益，交易者会形成较低的稳态价格预期，并最终使得股票价格进一步下降，从而形成了负向的自我强化过程。

当价格持续下降后，股票的历史收益率开始有所缓解，使得交易者之间的信息影响力不再下降而是趋于稳定。此时价格的变化会逐步带动历史收益率的回升，这使得交易者形成的稳态价格预期逐步上升，乐观预期人数增加，市场中的股票需求增加，使得股票价格重新回升。

图 5.3 的模拟结果有效地解释了交易者预期、股票价格和社会交流所构成的自适应系统价格实现机制的特性——自我强化，表现为股票价格的大幅上涨往往会带动下一时期或者之后一段时期内的继续上涨，而价格的下跌会带动价格下一时期或者之后一段时期内的持续下降。该数值结果同样说明，股票价格实现正向或者负向自我强化过程的条件表现为两个方面：价格的真实动态行为和交易者预期的价格行为。即只要股票价格的真实变化表现利好的趋势，并且市场中的交易者也预期价格会表现上升趋势，那么股票价格就会在一段时间内保持上升的态势，实现价格的正向自我强化过程。如果股票价格的真实运动表现为趋势下降，并且市场中的交易者预期股票最终的稳态价格也会低于当前价格，那么股票价格将会

实现负向的自我强化过程。

5.4 股票价格泡沫的机理分析

希勒（Shiller, 2000）在《非理性繁荣》一书中指出：金融危机是经济系统中最为经典传统的主题，金融危机的产生往往伴随着投资者们对于金融资产的疯狂投机，并因此而产生金融投机的泡沫。人类历史上几乎每一次金融或者经济危机都伴随着价格泡沫，那么价格泡沫究竟是什么？为什么会让不断积累的经济系统因为泡沫的存在而不堪一击？根据第 3 章的分析，我们将基于股票价格具有自我强化的特性在本节重点探讨股票价格泡沫的形成机理。

5.4.1 价格泡沫的定义

在真实的资本市场中，我们常常应用"泡沫"一词形容资产价格在一段时间内的持续暴涨和暴跌过程，但经济理论尚没有对"泡沫"的定义形成一致的观点，诸多学者从不同的角度给出了不同的描述。最具代表性的观点有以下几种。

（1）金德尔伯格（Kindleberger, 1978）认为，泡沫可以不严格地看作一种或者一系列资产在一个连续过程中的陡然上涨。开始的价格上升会使人们产生还要涨价的预期，于是又会吸引新的买主——投机者一般只是想通过买卖牟取利润，而对这些资产本身的使用价值和产生盈利的能力并不感兴趣。资产价格的不断上升常常跟随着预期的逆转，接着就是价格的陡然下降，最后以金融危机告终。

（2）1993 年的日本经济白皮书中指出，"泡沫"一般来讲是指资产价格大幅度偏离经济基础价值条件而上升，即把泡沫看作为资产价格背离资产经济基础价值的膨胀过程。

（3）希勒（2000）定义投机性泡沫为"资产暂时的高价格得以维持主要是由于投资者的热情而不与实际资产本该有的价格相一致的预测"。

以上几个定义虽然侧重点不同，但都从某一侧面刻画了投机泡沫的特征，并且存在两点共性：一是所谓泡沫是指资产的市场价格远远高于其实际的真实价值；二是市场存在对资产的假性超额需求。即使价格不断地上升，但由于假性的超额需求过度，使得大多数交易者仍然预期价格会进一步上升。金德尔伯格（1978）的定义强调价格泡沫是一个从生成到破灭的动态过程，正是投机者的乐观预期促成了泡沫的产生，这些投机者忽视商品本身的使用价值和盈利能力，只注重买卖价格，并从买卖差价中获利，导致了金融危机。因此，正如斯蒂格利茨（Stiglitz, 1990）所说，尽管对泡沫的定义各有不同，但有一点很直观：如果今天的高价仅仅是因为交易者相信明天的价格会更高——然而市场基础因素并不反映这种高价——那么价格泡沫就存在。可见，投资者预期形成的特性和方式是泡沫产生的重要因素。

本书的研究借鉴金德尔伯格（1978）的定义描述，我们认为股票价格的泡沫在根本上取决于资本市场中交易者的预期，泡沫产生与破灭的过程正是交易者异质性预期内生转换的结果。当市场中的资产价格升高时，交易者预期价格还会升高，此时市场中的交易者多数持有乐观预期，股票需求过量，推动价格不断攀升，股票泡沫形成。当真实的价格远远高于真实价值时，多数交易者会预期价格将要逆转，悲观预期占据市场，股票需求显著下降，从而导致价格的大幅下跌，价格泡沫破灭。

5.4.2 价格泡沫的产生与破灭

同生成价格的自我强化过程类似，我们通过选取合适的模型参数，使得资本市场最终达到稳定状态时交易者的持有股票概率不全为零，从而生成了价格泡沫的形成与破灭过程，如图 5.4 所示。

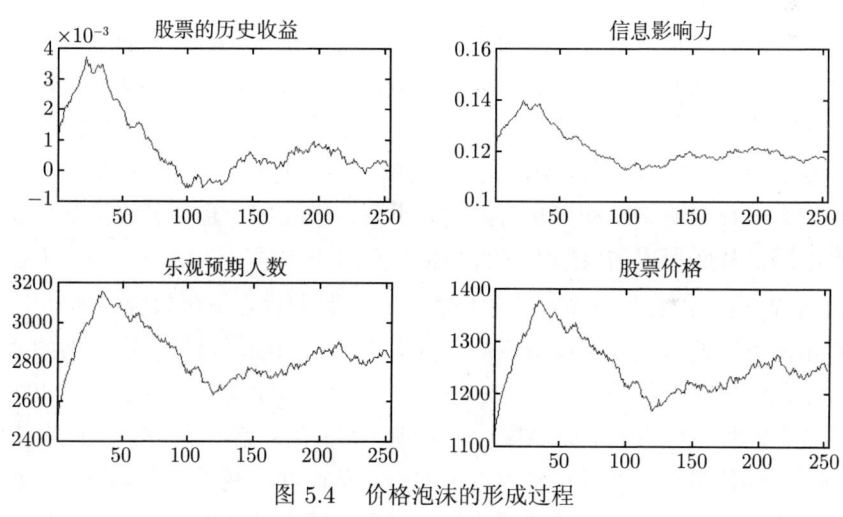

图 5.4 价格泡沫的形成过程

参数设定：$\beta = 0.4, f_1 = 0.2, f_2 = 0.3, f_3 = 0.5, \eta(0) = N/2, k_1 = 82, b_1 = 0.095, k_2 = 8, b_2 = 0.035$。

如图 5.4 所示，可以看出资本市场中各经济变量股票的历史收益率、信息影响力、乐观预期人数、股票价格构成了一个复杂的自适应系统。股票价格的变动会带动历史收益率的变动，使得交易者之间的信息影响力发生变化，从而形成市场中的交易者异质性预期，产生新的交易需求，进而形成新的价格。如图 5.4 所示，如果开始价格处于较低水平，那么初始一段时间内，价格的运动都会带动其对应的历史收益率的上升，从而使得交易者预期最终的稳态价格高于当前时期的价格，产生对股票的超额需求，从而推动价格继续上升，价格的继续上升进一步带动收益率的上升，形成了一系列的股票价格上升态势的循环过程，如图 5.4 中价格的上升阶段。这种上升态势持续不断，形成了价格的正向自我强化过程，股票泡沫逐渐形成。

当股票价格上升到一定高位，历史收益率的上升减缓，弱化了交易者的乐观预期，从而使得乐观预期人数下降，交易者对股票的需求逐渐减少，股票价格上升缓慢。价格的缓慢上升使得收益率不再上升甚至下降，从而带动交易者所形成的稳态价格预期进一步下降，并最终使得乐观预期人数出现明显地减少，股票价格开始呈下降趋势。正如股票价格的正向自我强化过程所描述的那样，处于高位的股票价格会形成价格的负向自我强化过程。这一过程不断地循环反复，使得股票价格下跌，泡沫破灭，如图 5.4 中所看到的那样，股票价格、历史收益率、信息影响力以及持有股票的人数的第一次达到高位后接着下降的过程。

由上述的模拟过程可知，股票价格的动态变化实质上是自我实现的，并实现着股票价格自身的正向或者负向的自我强化过程。在这样自适应的系统中，股票泡沫的产生与破灭过程可以描述为股票价格正向和负向自我强化交替出现的动态过程。根据第 4 章的分析，资本市场最终形成的稳定状态与交易者之间的信息影响力和社会网络的结构有关，因此，在具体的模拟演化过程中，对交易者之间的信息影响力与社会网络结构的相对大小的不同参数设定，也会导致价格自我强化的强度不同，从而形成的股票泡沫大小也会有所不同。

如图 5.5 所示，我们模拟产生了四类不同参数的设定下股票价格的动态演化。可以看出，不同的参数设定所形成的泡沫大小并不相同，这说明在价格的动态演化过程中，泡沫的产生与破灭也严格地依赖于信息影响力与社会网络结构的关系。对于图 5.5 中股票价格的上升阶段，交易者之间的信息影响力基于利好信息增加，使得下一时刻价格上升并带动了收益的增加，从而使得交易者之间的信息影响力进一步增强，推动股票价格趋于更高的水平。虽然在某些时刻可能会出现股票价格的暂时下降，但是交易者不仅会考虑短期的信息，还会考虑中期和长期的价格信息。因此，长期来看，股票价格会不断被拉向高位，价格的正向自我强化一直持续，泡沫将逐渐产生直到价格收益不再上升。从股票价格的动态演化过程可以看出，股票价格正向自我强化的强度越强，价格泡沫的幅度越大。对于泡沫的破灭过程可以视作为股票价格的负向自我强化过程，并且负向自我强化的强度越大，价格的下跌表现越剧烈。注意到图 5.5 中所看到价格的自我强化的强度表现为价格所形成的泡沫的大小，当自我强化的强度较大时会形成如图 5.5 所示的第一个大的泡沫，如果正向的自我强化强度较小，股票价格只会表现较小的波动。我们的结果与希勒（1990）的关于投机泡沫的经典反馈理论相一致，并且从模拟结果可以看出，我们的模型自动完成了价格—交易者—价格的自我实现与强化过程。

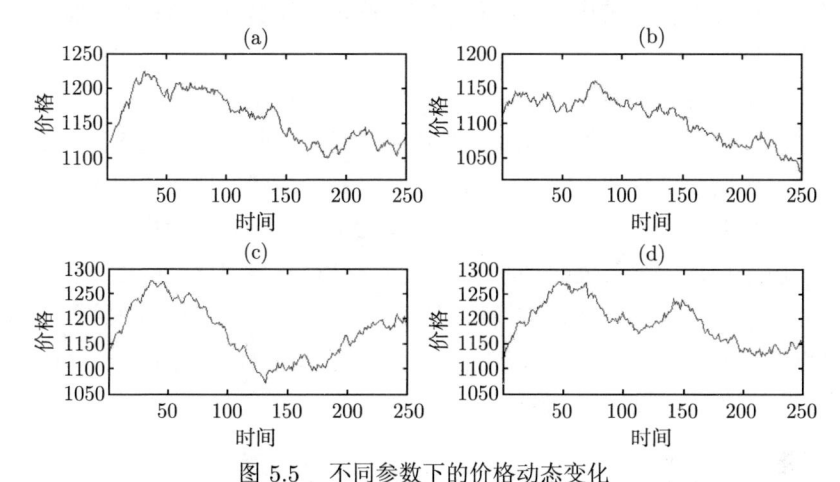

图 5.5　不同参数下的价格动态变化

相同的参数设定：$\beta = 0.4, f_1 = 0.2, f_2 = 0.3, f_3 = 0.5$。

其他参数设定：(a) $\eta(0) = N/4, k_1 = 45, b_1 = 0.055, k_2 = 48, b_2 = 0.095$; (b) $\eta(0) = N/4, k_1 = 65, b_1 = 0.04, k_2 = 50, b_2 = 0.092$; (c) $\eta(0) = N/2, k_1 = 71, b_1 = 0.03, k_2 = 57, b_2 = 0.09$; (d) $\eta(0) = N/2, k_1 = 70, b_1 = 0.03, k_2 = 80, b_2 = 0.09$。

5.5　本章小结

本章基于资本市场的自适应特性，模拟演化市场中交易者的社会交流、异质性预期、交易者行为和资产价格等各个经济变量的动态变化，并对价格泡沫的产生机制进行了讨论，给出了股票价格动态运动的机制以及价格泡沫产生与破灭过程的合理解释。

首先，我们介绍了社会网络"小世界"验证的诸多实验，这些研究是我们选取瓦茨和斯托加茨（1998）所提出的小世界网络作为资本市场中交易者而形成的社会网络的经验基础。小世界网络具有较短的路径长度和较高的聚集性两个特征，这有效地刻画了资本市场中的社会网络特征。

其次，我们对基于 Agent 的复杂系统仿真方法进行了简单的介绍。基于 Agent 的复杂系统模拟仿真能够从资本市场中局部的个体行为变化来揭示资产价格整体的复杂性行为，即表现为经济金融的复杂系统中经济个体的微观行为层面到宏观价格层面的研究，该方法对于研究经济系统中的复杂性问题具有很强的说服力。

基于 Agent 的复杂系统仿真方法在经济上的应用包括很多方面，例如，经济预测、经济理论的仿真验证、对经济系统进行演化分析、经济宏观调控政策的效果评价以及金融危机原因分析和预防。基于 Agent 的这种仿真模型可以表示完全由其内部机制描述的行为，通过将个体与程序相关联，从而仿真一个由交互的计算实体组成的人工世界。

　　股票价格实现机制中的自我强化特性决定了价格运动中的诸多特征，在本章的后两节讨论中，我们基于数值模拟生成股票的历史收益率、信息影响力、乐观预期人数、股票价格这四个变量的动态演化过程。模拟结果重点讨论了价格自我强化的实现机制，并根据第 3 章的理论分析给出了价格泡沫形成过程的机理分析。我们发现股票价格的自我强化是系统的内生属性，自我强化的强度严格地依赖交易者之间的信息影响力与资本市场社会网络结构的关系。股票泡沫产生与破灭的过程可以看作股票价格的正向和负向自我强化交替出现的动态过程，并且股票价格正向自我强化的强度越强，价格泡沫的幅度越大；负向自我强化的强度越大，价格的下跌表现越剧烈。

　　基于社会网络的角度分析股票价格的动态变化，实质上是从市场中的微观个体（即交易者）出发，研究个体之间的行为与互动，进而探究宏观变量即资产价格的动态演化。虽然我们的模型只给出了股票价格泡沫现象的解释，但是这种微观到宏观的"自下而上"的分析方法对解决人类社会中多种多样的经济现象、复杂性问题以及经济社会中人与人的交流具有重要作用，为在更广泛的范围内特别是对经济金融领域的复杂问题建立人工智能的仿真系统提供了可能性。此外，也可以应用仿真的方法对一些即将出台的经济政策进行可行性分析，从而为政策的制定与实施提供指导性建议，对一些不利的政策行为积极地提出相应的预防措施，防范经济、金融等危机问题于未然。

第6章 随机信息交流网络下的资产价格及波动分析

通过前几章的讨论，我们知道资本市场中交易者预期、交易者行为和资产价格的演化动态与交易者们所构成的社会网络结构密切相关，但前几章的讨论都是基于固定的社会网络结构，即在交易者的信息交流是在外生给定的社会网络的基础上进行的，并不考虑社会网络随着信息交流的变化而动态变化。交易者之间的信息交流无时无刻不在进行，每一时刻的交流对象并不固定，这使得信息交流具有随机性。因此，考虑到交易者交流的不确定性，本章将基于交易者信息交流所构成的随机社会网络构建资本市场中交易者的随机信息交流网络，并探究分析随机信息交流对资产价格及其波动的影响。

6.1 随机社会网络下的信息交流

设 $N = \{1, 2, \cdots, n\}$ 表示金融市场中的 n 个交易者，$G = (n, \varepsilon)$ 表示交易者进行信息交流的随机社会网络，定义为随机信息交流网络。这个随机信息交流的网络 G 可以理解为许多种网络，例如，朋友之间的通信、微博、微信朋友圈等。每一个交易者表示为网络 G 中的一个节点，关系 ε 表示社会网络中交易者 i 与交易者 j 是否通过社会网络交流信息。假设交易者之间的信息交流建立在双方都同意的情况下，任何单方面的交流都不能实现真正意义上的交流，故在本章的研究中只考虑无向网络。应当注意到这种交流不是基于固定网络，而是具有某种随机性的信息交流。实际上，这样的交流根据交易者的处境或状态而定。不失一般性，设 $g^k, k = 1, 2, \cdots$ 表示某一随机交流状态 k 下的信息交流网络。

例如，对于一个只有 4 个交易者的市场而言，他们随机交流所形成的随机信息交流网络包含以下几种，如图 6.1 所示。

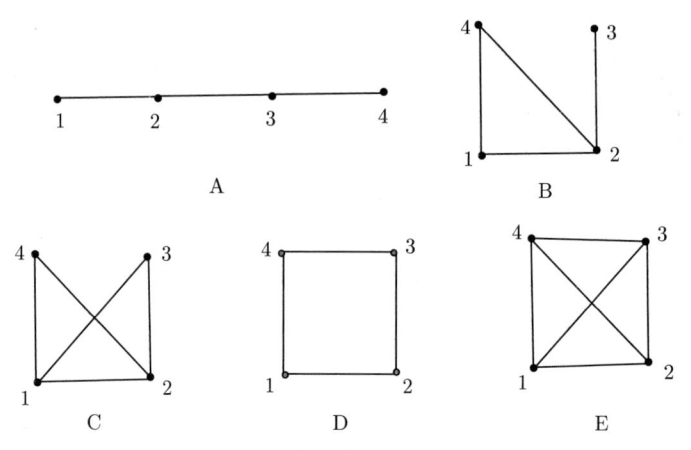

图 6.1　4 个交易者的所有随机信息交流网络结构

图 6.1 是一个简单的 4 个交易者市场的网络构成图，表示网络的动态变化过程中交易者信息的交流与获取。该图也是第 5 章中我们所刻画的异质性预期的一个简单的例子，有所不同的是，此处的社会网络是动态变化的，交易者的信息交流随着社会网络结构一起变化。在这样的随机信息交流网络下，交易者的异质性预期不会趋近于某一个稳定的状态。随着信息交流网络的动态演化，交易者的预期动态也会更加复杂，也正因为这种复杂性，无法利用前面的给出理论分析并求解，因此，本章用带噪音的理性预期均衡模型探究社会网络结构对资产价格的影响。

令随机矩阵 $(W_{ij})_{n \times n}$ 为随机信息交流网络 G 的邻接矩阵，W_{ij} 刻画了交易者 i 与交易者 j 是否交流的随机状态。如果 $(i,j) \in \varepsilon$，则元素 $W_{ij} = 1$，否则 $W_{ij} = 0$。假设 $(i,i) \in \varepsilon$，即 $W_{ij} = 1$。在我们所构建的随机信息交流的社会网络中，每个交易者与他们的邻居进行信息交流，并且每个交易者的邻居结构不尽相同，他们正是基于这样异质的社会网络结构相互交流，从而修正关于风险资产价格收益的相关信息。交易者 i 的邻居是指在随机信息网络 G 中与交易者 i 相连的所有邻居交易者的集合，即 $N_i(G) = \{j : W_{ij} = 1\}$。特别地，对于交流状态 k 而言，交易者 i 的邻居可以表示为：$N_i(g^k) = \{j : W_{ij}(g^k) = 1\}$。

假设每一时刻交易者的交流是随机的，他们会理性地选择交流对象。设在每一个随机信息网络 g^k 生成的过程中，资本市场中交易者 i 的度为 d_i^k，即该交易者与 d_i^k 个交易者进行信息的交流共享，用数学公式可表示为：

$$d_i(g^k) = \sharp\{N_i(g^k)\} = \sharp\{j : W_{ij}(g^k) = 1\}$$

其中，$k = 1, 2, \cdots, K$ 表示交易者交流的某一随机状态，K 表示交易者所有可能的随机交流状态的总和，也就是随机信息网络的总个数[①]。

为准确度量金融市场中交易者随机交流导致的信息共享程度，本章定义金融市场的信息共享度 $\widetilde{\beta}$，即：

$$\widetilde{\beta} = \frac{\sum_{ij} W_{ij}(g^k)}{2n}$$

应当注意到 $\widetilde{\beta}$ 为一个随机变量，表示任意的随机网络结构下金融市场的信息共享度。可以看出，$\widetilde{\beta}$ 的随机性源于交易者交流的随机性，并且对于某一随机交流状态 k，相应的信息共享度表示为 β^k。

6.2 市场均衡价格的形成

考虑资本市场只有两期的情形。市场中的交易在时刻 $t=0$ 发生，资产收益在时刻 $t=1$ 实现，交易者只考虑他们在时刻 $t=1$ 时实现的效用。不失一般性，假设每个交易者具有相同的 CARA（constant absolute risk aversion）的偏好效用函数（Grossman et al., 1980），风险厌恶系数为 ρ。因此，交易者对不确定性的风险资产 $\tilde{\xi}$ 的期望效用可表示为：

$$E[U(\tilde{\xi})] = -E[\exp(-\tilde{\xi})]$$

6.2.1 基于交流的信息获取

假设市场是完全竞争的，交易者都是价格接受者。这意味着对于一个包含无穷多个交易者的大经济体而言，单个个体交易者是相当渺小的。在大经济体中，价格接受的交易者们具有理性的动机去与市场中其他的交易者们分享信息，他们会乐意并且诚实地同他们的交易者分享私有信息，因为他们清楚价格不会因为一个交易者的信息而改变。

假设交易者有两种资产：一种是单位化为 1 的无风险资产，另一种是风险资产，如一只股票，每股的初始价格为 p，其未来的不确定价值为 v，这种不确定价值将在期末实现。假定 v 服从正态分布，即 $v \sim N(\bar{v}, \sigma_v), \bar{v} > 0, \sigma_v > 0$。资本市场中存在两类交易者：理性交易者和噪音交易者。理性交易者具有理性预期，他们根据自己的信息集做出理性预期的判断，从而更新他们的交易决策行为。噪音交易者为市场提供了流动性，假设他们的交易行为是完全随机的，设随机供给表示为 $s \sim N(\bar{s}, \sigma_s), \bar{s} > 0, \sigma_s > 0$。

[①] 当市场中的交易者足够多时，我们无法精确度量所有的交流状态，这样的交流状态可能是无限多个。

在初始时刻 $t=0$，所有交易者拥有相同的初始禀赋，每个交易者收到了关于股票收益 v 的噪声信号。特别地，交易者 i 所观察到的信号为：

$$\tilde{x}_i = v + \tilde{\varepsilon}_i$$

在第二阶段，通过与邻居的相互交流，交易者 i 接收到的关于风险资产收益的信号为：

$$\tilde{y}_i^k = f_i(\tilde{x}_i, \tilde{x}_{i1}, \cdots, \tilde{x}_{id} | g_i^k)$$

其中，g_i^k 表示在随机状态 k 下交易者 i 所处的社会网络，$\{i1, \cdots, id\}$ 表示随机信息交流网络中交易者 i 的邻居组合。$f_i: R^{id+1} \to R$ 为信号修正函数，这可以理解为对于某一个交易者 i，该交易者在初始时刻形成了自己关于价格的私有信息 $\tilde{x}_i$，通过与其邻居交易者交流，交易者 i 会获取他们的价格信息，从而修正自己的私有信息 $\tilde{x}_i$ 变为 $\tilde{y}_i^k$，注意这里的 $\tilde{y}_i^k$ 严格地依赖于交易者相互交流的社会交流网络。一般地，我们希望交易者所形成的社会交流的网络结构能够反映市场中交易者的真实交流状态，故假设下面四个性质成立。

（1）相比于邻居较少的交易者，具有更多的邻居的交易者会收到关于风险资产更精确的信息，即：

$$d_i(g^k) > d_j(g^k) \quad \Rightarrow \quad \text{Var}[\tilde{v} | \tilde{y}_i^k] < \text{Var}[\tilde{v} | \tilde{y}_j^k]$$

（2）如果两个交易者没有公共的邻居，那么他们所获取的私有信息不相关，即：

$$N_i(G) \bigcap N_j(G) = \varnothing \quad \Rightarrow \quad \text{Cov}(\tilde{y}_i^k, \tilde{y}_j^k) = \text{Var}(\tilde{v})$$

（3）如果两个交易者的所有邻居是相同的交易者，那么他们所获取的信息也相同，即：

$$N_i(G) = N_j(G) \quad \Rightarrow \quad \tilde{y}_i^k = \tilde{y}_j^k$$

（4）对于两种不同交流状态下的社会交流网络 $g^{k_1} = (N, \varepsilon^{k_1})$ 和 $g^{k_2} = (N, \varepsilon^{k_2})$，任意选取两个交易者 i 和 j，如果他们某一交流状态下共同拥有的邻居越多，那么他们在这种交流状态下所获取的信息相关性就越大，即：

$$\{N_i(g^{k_1}) \cap N_j(g^{k_1})\} > \{N_i(g^{k_2}) \cap N_j(g^{k_2})\} \quad \Rightarrow \quad \text{cov}(\tilde{y}_i^{k_1}, \tilde{y}_j^{k_1}) > \text{Cov}(\tilde{y}_i^{k_2}, \tilde{y}_j^{k_2})$$

满足上述的性质，假设在某一随机状态的信息交流网络结构下，交易者 i 接收到的关于风险资产收益的形式 $\tilde{y}_i^k$ 为：

$$\tilde{y}_i^k = \frac{\sum\limits_{j \in N_i(g^k)} \tilde{y}_j}{d_i(g^k)}$$

这意味着 $\tilde{y}_i^k = \tilde{v} + \tilde{\eta}_i$，$\tilde{\eta}_i = \dfrac{\sum_{j \in N_i(g^k)} \tilde{\varepsilon}_j}{d_i(g^k)}$。残差项 $\{\tilde{\eta}_i\}$ 是均值为 0 的独立正态分布的，协方差为：

$$\mathrm{Cov}(\tilde{\eta}_{i_1}, \tilde{\eta}_{i_2}) = \mathrm{Cov}\left(\frac{\sum_{j \in N_{i_1}(g^k)} \tilde{\varepsilon}_j}{d_{i_1}(g^k)}, \frac{\sum_{j \in N_{i_2}(g^k)} \tilde{\varepsilon}_j}{d_{i_2}(g^k)}\right)$$

由此可以看出，所有的 $\tilde{\eta}_i$ 是 $\tilde{\varepsilon}_j, j \in N_{i_1}(g^k)$ 的线性组合，并且与股票的收益 v 和随机供给 s 相独立。

在期末 $t=1$ 时刻，每一个市场交易者都会根据自己的信息集进行决策。假设交易者具有关于资产价格的理性预期，他们通过所形成社会网络与其邻居交流并修正他们关于价格的信息。当在时刻 $t=1$ 交易时，交易者 i 在随机生成的信息交流网络 g^k 下的信息集为：

$$F_i^k = \{\tilde{y}_i^k, P_{\tilde{\beta}}\}$$

其中，$P_{\tilde{\beta}}$ 表示风险资产的价格。交易者对风险资产的需求表示为 $D_i(F_i^k) = D_i(\tilde{y}_i^k, P_{\tilde{\beta}})$，这一需求正是取决于他们的信息以及市场价格。

6.2.2 市场均衡

设交易者在期初时刻 $t=0$ 时的财富禀赋记为 ω_{0i}，期末，交易者根据新的信息集做出相应的决策调整，此时的财富状态记为 $\tilde{\omega}_{1i}$。则交易者根据期初的财富约束最大化他们的期末效用，即：

$$\max \quad U = E[-\exp(-\rho\tilde{\omega}_{1i})]$$
$$\text{s.t.} \quad \omega_{0i} = M_i + \tilde{p}D_i$$

其中，$\tilde{\omega}_{1i} = RM_i + \tilde{v}D_i$，$R$ 为无风险资产的收益率，M_i 为无风险资产的持有量，D_i 为风险资产的持有量。

根据线性带噪音的理性预期均衡（NREE）模型，风险资产的价格函数可表示为：

$$P_{\tilde{\beta}} = f_0(\tilde{\beta}) + \sum_{i=1}^{n} f_i(\tilde{\beta})\tilde{y}_i^k - f_2(\tilde{\beta})\tilde{S}_n$$

其中，$\tilde{S}_n = n\tilde{s}$ 表示资本市场中风险资产的总供给；$\tilde{\beta}$ 为随机信息交流网络 G 的信息共享度；$f_0(\tilde{\beta})$、$f_1(\tilde{\beta})$、$f_2(\tilde{\beta})$ 分别为关于 $\tilde{\beta}$ 的随机变化的待定参数，这种随

机的参数变化源于交易者互相交流的随机性，表现为随机信息网络的参数信息共享度 $\tilde{\beta}$ 的不断变化。

遵循施奈德（Schneider, 2009）的研究思路，理性预期均衡的不动点问题可以转化为寻找价格函数中的均衡价格并使之满足市场出清条件。市场出清意味着对于所有风险资产的实现值 $\tilde{y}_i^k, \tilde{v}, \tilde{S}_n$ 满足如下条件：

$$s = \frac{1}{n} D_i(\tilde{y}_i^k, P_{\tilde{\beta}})$$

即每个交易者在理性预期假设下根据他们的信息集最大化时刻 $t=1$ 时的效用需求。

由 CARA 效用的构建可知，交易者 i 的最优需求可表示为：

$$D_i(\tilde{y}_i^k, \tilde{p}) = \frac{E[\tilde{v}|F_i^k] - P_{\tilde{\beta}}}{\text{Var}[\tilde{v}|F_i^k]}$$

在随机信息交流网络的框架下，由于网络与网络之间生成的独立性，故随机信息网络 G 包含了交易者所有的信息交流状态。因此，每一种信息交流状态下的随机信息网络都可以看成厄兹索伊列夫和瓦尔登（2011）中的信息网络，并且我们所考虑的随机信息网络的空间是完备的。因此，根据随机图的相关理论和性质，均衡价格将以概率 1 收敛于如下价格函数：

$$P_{\tilde{\beta}} = f_0(\tilde{\beta}) + f_1(\tilde{\beta})v - f_2(\tilde{\beta})s$$

其中：

$$f_2(\tilde{\beta}) = \frac{\sigma_v^2 \sigma_s^2 + \sigma_v^2 \tilde{\beta}}{\tilde{\beta} \sigma_v^2 \sigma_s^2 + \sigma_s^2 + \sigma_v^2 \tilde{\beta}^2}$$

$$f_1(\tilde{\beta}) = \frac{\tilde{\beta} \sigma_v^2 \sigma_s^2 + \sigma_v^2 \tilde{\beta}^2}{\tilde{\beta} \sigma_v^2 \sigma_s^2 + \sigma_s^2 + \sigma_v^2 \tilde{\beta}^2}$$

$$f_0(\tilde{\beta}) = f_2(\tilde{\beta}) \frac{\bar{v} \sigma_s^2 + \tilde{\beta} \sigma_v^2 \bar{s}}{\sigma_v^2 \sigma_s^2 + \sigma_v^2 \tilde{\beta}}$$

由此，我们已经完整地刻画了考虑了市场中交易者随机信息交流的资产价格的形成机制，给出了随机信息交流网络下资产价格的显示表达式。值得注意的是，我们的结论与经典的价格与信息及信息交流的文献研究相一致。若随机信息交流网络是外生给定的，即只考虑交易者之间的交流但不考虑信息交流的随机性，则该模型退化为厄兹索伊列夫和瓦尔登（2011）中的信息网络。若交易者不与其他人分享信息，即不考虑交易者的信息集受到其邻居信息的修正，此时社会网络在交易者的信息交流中不起作用，交易者的信息集为 $F_i = \{\tilde{x}_i, \tilde{p}\}$。该模型退化为戴蒙德和维里克亚（Diamond & Verrecchia, 1981）中的标准模型。

我们所构建的基于交易者随机交流的资产价格模型有效地刻画了资产价格的需求量随着交易者与其他交易者交流信息的演化动态，随机信息交流网络的最大特点是能够捕捉真实的资本市场中交易者的真实交流状态，从交易者交流的微观结构出发深入探究他们每一时刻的交流状态对资产价格的影响。

6.3 价格波动的分析

风险资产价格的波动性研究一直是学者们的研究热点，是资产定价和风险管理的核心。在给定随机的信息交流模型下，我们分析价格的波动除了受资产收益、随机供给等传统意义上的因素影响以外，还和资本市场本身的信息共享度有关，这种交易者之间相互交流的随机性在一定条件下影响价格波动率。

6.3.1 波动率计算

参考维韦斯（Vives, 1995）和王（Wang, 1993）的论述中关于价格波动的度量指标，本书应用价格的无条件方差作为价格波动的度量，这一方法经常用于理性预期均衡领域资产价格的分析。

命题 6.1 假设资本市场中交易者通过随机信息交流网络进行交流，并基于交流修正的信息集 $F_i^k = \{\tilde{y}_i^k, \tilde{p}^k\}$ 形成了对资产价格的预期。若给定风险资产价格 $P_{\tilde{\beta}} = f_0(\tilde{\beta}) + f_1(\tilde{\beta})v - f_2(\tilde{\beta})s$，则风险资产价格的波动率为：

$$\mathrm{Var}(P_{\tilde{\beta}}) = E[f_1(\tilde{\beta})^2]\sigma_v^2 + E[f_2(\tilde{\beta})^2]\sigma_s^2 + \mathrm{Var}[f_0(\tilde{\beta}) + \bar{v}f_1(\tilde{\beta}) - \bar{s}f_2(\tilde{\beta})]$$

证明：根据价格的表达式，并由波动率的性质可知：

$$\mathrm{Var}(P_{\tilde{\beta}}) = \mathrm{Var}[f_0(\tilde{\beta})] + \mathrm{Var}[f_1(\tilde{\beta})v] + \mathrm{Var}[f_2(\tilde{\beta})s]$$
$$+ 2\mathrm{Cov}[f_0(\tilde{\beta}), f_1(\tilde{\beta})v] - 2\mathrm{Cov}[f_0(\tilde{\beta}), f_2(\tilde{\beta})s] - 2\mathrm{Cov}[f_1(\tilde{\beta})v, f_2(\tilde{\beta})s]$$

因为 $f_1(\tilde{\beta})$ 和 v 是相互独立的，则根据波动率的定义可得：

$$\mathrm{Var}[f_1(\tilde{\beta})v] = \mathrm{Var}[f_1(\tilde{\beta})]\mathrm{Var}[v] + \mathrm{Var}[v](E[f_1(\tilde{\beta})])^2 + \mathrm{Var}[f_1(\tilde{\beta})](Ev)^2$$

类似地，因为 $f_2(\tilde{\beta})$ 和 s 是相互独立的，则有：

$$\mathrm{Var}[f_2(\tilde{\beta})v] = \mathrm{Var}[f_2(\tilde{\beta})]\mathrm{Var}[s] + \mathrm{Var}[s](E[f_2(\tilde{\beta})])^2 + \mathrm{Var}[f_2(\tilde{\beta})](Es)^2$$

又由于 $f_0(\tilde{\beta}), f_1(\tilde{\beta}), f_2(\tilde{\beta})$ 相互独立，于是我们可以得出：

$$\text{Cov}[f_0(\tilde{\beta}), f_1(\tilde{\beta})v] = E[v]\text{Cov}[f_0(\tilde{\beta}), f_1(\tilde{\beta})]$$
$$\text{Cov}[f_0(\tilde{\beta}), f_2(\tilde{\beta})s] = E[s]\text{Cov}[f_0(\tilde{\beta}), f_2(\tilde{\beta})]$$
$$\text{Cov}[f_1(\tilde{\beta})v, f_2(\tilde{\beta})s] = E[v]E[s]\text{Cov}[f_1(\tilde{\beta}), f_2(\tilde{\beta})]$$

整理可得：

$$\text{Var}(P_{\tilde{\beta}}) = \text{Var}[v](\text{Var}[f_1(\tilde{\beta})] + (E[f_1(\tilde{\beta})^2])) + \text{Var}[s](\text{Var}[f_2(\tilde{\beta})] + (E[f_2(\tilde{\beta})])^2)$$
$$+ \text{Var}[f_0(\tilde{\beta}) + E(v)f_1(\tilde{\beta}) - E(s)f_2(\tilde{\beta})]$$

即：

$$\text{Var}(P_{\tilde{\beta}}) = E[f_1(\tilde{\beta})^2]\sigma_v^2 + E[f_2(\tilde{\beta})^2]\sigma_s^2 + \text{Var}[f_0(\tilde{\beta}) + \bar{v}f_1(\tilde{\beta}) - \bar{s}f_2(\tilde{\beta})]$$

得证。

由命题 6.1 可知，均衡价格的波动率不仅取决于资产的收益特征和随机供给信息，它还受信息共享程度函数 $f_0(\tilde{\beta})$、$f_1(\tilde{\beta})$ 和 $f_2(\tilde{\beta})$ 三个变量的共同影响。这三个参数的随机性主要体现在交易者每时每刻社会交流的随机性，从而导致了所生成的随机信息交流网络的随机性。金融市场中每个交易者处在自己的社交网络中，他们与朋友进行的信息交流是随机变化的，这种随机性对价格波动率的影响是通过作用在到期收益波动性 σ_v^2 和风险资产的随机供给波动性 σ_s^2 共同反映的。

根据 $f_1(\tilde{\beta})$ 和 $f_2(\tilde{\beta})$ 的表达式可知，当随机信息网络的信息共享程度 $\tilde{\beta}$ 不断变大时，$E[f_1(\tilde{\beta})^2] \to 1$ 和 $E[f_2(\tilde{\beta})^2]\sigma_s^2 \to 0$ 都将以概率 1 成立。这可以理解为，当每个交易者关于价格私有信息达到充分共享时，价格将在较大程度上反映市场信息，股票收益的波动信息将得到完全体现，此时价格的波动受到随机供给的影响将下降。然而在真实的资本市场中，交易者们不可能进行充分的交流，私有信息不可能完全共享，因此，噪音的影响会长期存在。而且即使 $E[f_2(\tilde{\beta})^2]\sigma_s^2 \to 0$，我们仍不能否认价格的波动在一定程度上受到期收益和随机供给的期望值的影响，也就是说交易者对将来价格的预期是重要的，这种重要性的程度通过信息网络结构性质的修正表现出来，体现在 $\text{Var}[f_0(\tilde{\beta}) + \bar{v}f_1(\tilde{\beta}) - \bar{s}f_2(\tilde{\beta})]$ 一项。这说明随机供给的期望值一直影响着价格的波动，噪音交易者引起的价格波动并未由信息的充分共享而消失，这也在一定程度上说明噪音交易对价格的影响长期存在。

事实上，资本市场中的噪音交易者一直存在，只不过他们对价格波动率的影响将下降，这种影响主要是从随机供给波动的系数 $E[f_2(\tilde{\beta})^2]$ 反映出来的。由于

$E[f_2(\tilde{\beta})^2]$ 是关于信息共享程度 $\tilde{\beta}$ 的严格凸函数，故供给的波动对价格波动率的影响将随着信息共享度的增加而下降。资产的噪音水平越高，其对应的精确度越低。这表现为交易者从均衡中获得的关于风险资产随机收益的精度（方差的倒数）和随机供给的方差对波动率的影响具有相关性，即 $E[f_1(\tilde{\beta})]$ 和 $E[f_2(\tilde{\beta})]$ 之间的相关关系。这意味着，随着噪音程度的加大，交易者所获取的精度下降，并且递减速度越来越慢，这与戴蒙德和维里克亚（1981）的研究相一致。

6.3.2 波动率的比较分析

本节将随机的信息交流与非随机状态下的信息交流做比较分析，并得到相应的理论与数值结果。当交易者之间的随机信息交流网络 G 外生给定时，信息共享度 $\tilde{\beta}$ 固定不变，那么讨论的信息共享度 $\tilde{\beta}$ 退化为我们模型中的某一随机交流状态下 k 的 β^k，记某一随机交流下的信息共享度为 β_0。参考厄兹索伊列夫和瓦尔登（2011）的相关讨论，资产价格的波动率是信息共享度 β_0 的函数，并且有以下引理。

引理 6.1 假设资本市场中交易者基于社会网络形成的信息网络进行交流，并根据修正的信息集 $F_i = \{\tilde{y}_i, \tilde{p}\}$ 形成了对资产价格的预期。若给定风险资产价格 $P_{\beta_0} = f_0(\beta_0) + f_1(\beta_0)v - f_2(\beta_0)s$，则价格的波动率为：

$$\text{Var}(P_{\beta_0}) = f_1(\beta_0)^2 \sigma_v^2 + f_2(\beta_0)^2 \sigma_s^2$$

由引理 6.1可以知，对于外生给定的信息交流网络，价格的波动率可以表示为两个方面的影响：一是到期收益的波动性；二是随机供给的波动性。按照厄兹索伊列夫（2005）的研究，这两方面的影响可以分别理解为信息驱动的波动 $f_1(\beta_0)^2 \sigma_v^2$ 和流动性（供给）驱动的波动 $f_2(\beta_0)^2 \sigma_s^2$。理性预期告诉我们，当信息交流网络的信息共享度足够大时，即信息得到充分地共享，此时价格将趋近期末的价格实现值，也就是所有的信息都将表现在价格中，这也是市场有效性的体现。事实上，引理 6.1很容易验证这一结果，当 $\beta_0 \to \infty$ 时，可以得到 $f_1(\beta_0) \to 1$, $f_0(\beta_0) \to 0$ 以及 $f_2(\beta_0) \to 0$。这也说明，当 $\beta_0 \to \infty$ 信息得到充分共享时，价格的波动和随机供给无关，而仅仅是由到期的价格信息驱动的。

然而，根据厄兹索伊列夫和瓦尔登（2011）的讨论，在给定信息交流网络的情况下，价格波动的变化并不随着信息共享度 β_0 的增大而呈单调变化。

引理 6.2 假设交易者基于给定的信息交流网络 G_0 进行信息共享，市场均衡价格的波动率受信息驱动项 $f_1(\beta_0)^2 \sigma_v^2$ 和流动性（供给）驱动项 $f_2(\beta_0)^2 \sigma_s^2$ 的影响，并且满足以下性质。

(1) 随着信息共享度的增加，信息驱动的价格波动随之增加，即：

$$\frac{\partial f_1(\beta_0)^2 \sigma_v^2}{\partial \beta_0} > 0$$

(2) 供给驱动的价格波动并不是关于信息共享度的单调函数，特别地，有：

$$\frac{\partial f_2(\beta_0)^2 \sigma_s^2}{\partial \beta_0} < 0, \beta_0 > \frac{\sigma_s}{\sigma_v} - \sigma_s^2$$

$$\frac{\partial f_2(\beta_0)^2 \sigma_s^2}{\partial \beta_0} \geqslant 0, 0 \leqslant \beta_0 \leqslant \frac{\sigma_s}{\sigma_v} - \sigma_s^2$$

(3) 根据信息驱动项和价格驱动项的性质知，价格波动率并不随着信息共享度 β_0 的增大而呈单调变化，并且有：

$$\frac{\partial \mathrm{Var}(P_{\beta_0})}{\partial \beta_0} > 0, \beta_0^2 \sigma_v^2 - \beta_0 \sigma_v^2 \sigma_s^2 - \sigma_v^2 \sigma_s^4 + \sigma_s^2 > 0$$

$$\frac{\partial \mathrm{Var}(P_{\beta_0})}{\partial \beta_0} \leqslant 0, \beta_0^2 \sigma_v^2 - \beta_0 \sigma_v^2 \sigma_s^2 - \sigma_v^2 \sigma_s^4 + \sigma_s^2 \leqslant 0$$

引理 6.2 告诉我们，随着信息网络的信息共享度 β_0 不断增加，交易者之间的信息共享越来越充分，他们对于未来价格的收益也变得越来越知情。更加知情的交易者的需求更加激进，他们的交易也更加频繁，从而导致信息驱动的价格波动随之上升。对于市场流动性而言，其导致的价格波动不能单调变化。对此，我们可以理解为当交易者之间的连接很少时，即信息共享度 β_0 相对较小时，交易者之间每增加一条连接，他们就会从该条连接中获取更多的信息，从而使得所形成的均衡价格包含更多的信息。因此，此时交易者所形成的需求更多的是以价格作为信息来源，这使得他们的需求更加依赖于流动性，从而导致流动性驱动的价格波动上升。另外，随着交易者之间的连接逐渐增多，交易者变得越来越知情，通过连接所获得的价格信息达到瓶颈，他们几乎不能通过额外的连接再获取关于价格的新信息。这样的变化使得交易者较少地依赖于价格作为信息来源，从而使得他们的需求与流动性的相关性变小，进而流动性驱动的价格波动也相应减少。信息驱动和流动性驱动的综合作用使得最终价格的波动并不会随着交易者之间的信息共享程度的增加而单调变化，并且在信息共享度不断增加的过程中，这两方面的驱动在对价格波动的影响方面交替着占主导地位。

引理 6.2 是在外生给定的信息网络下的研究，验证了资本市场中交易者交流的网络结构是资产价格波动的重要影响因素，这对于我们研究资本市场真实的价格波动现象具有重要的指导意义。例如，对于信息的共享，有效市场假说告诉我们，信息共享程度越高，噪音所带来的资产价格波动就可以相互抵消，这可以用引理 6.3 中的第二条性质说明。但是信息共享程度越高，并不意味着价格的波动性就会减少。信息共享程度对价格的波动需要进行更为深入的讨论，因此，我们需要慎重看待信息的充分共享。

根据本章前述的讨论，我们定义由引理 6.2 的讨论所生成的价格波动率为 $O\text{-}W$ 波动率，并给出相应的 $O\text{-}W$ 波动率曲线。通过分析可知，当 $\sigma_v \sigma_s \geqslant 1$ 时，$O\text{-}W$ 波动率曲线有一个极值点；当 $2/\sqrt{5} < \sigma_v \sigma_s < 1$ 时，$O\text{-}W$ 波动率曲线有两个极值点，如图 6.2 所示。

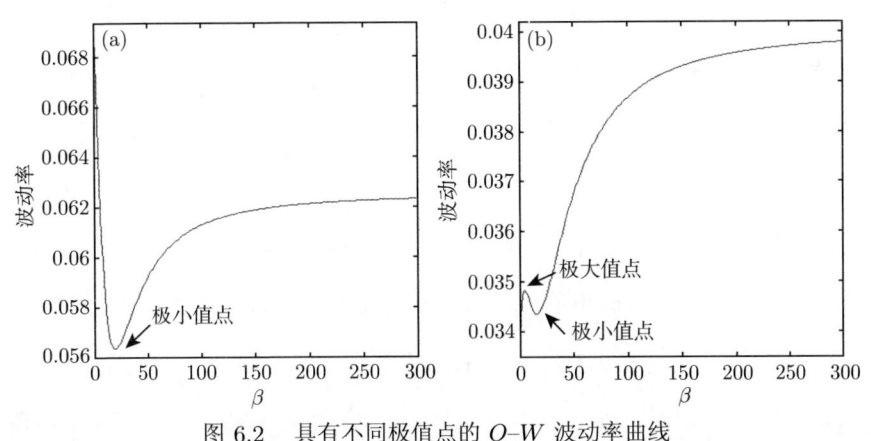

图 6.2　具有不同极值点的 $O\text{-}W$ 波动率曲线

参数设定：(a) $\sigma_v = 0.2, \sigma_s = 4.6$；(b) $\sigma_v = 0.25, \sigma_s = 4.2$。

命题 6.2　假设资本市场中的交易基于社会网络进行信息交流，令 $\tilde{\beta}$ 为交易者随机信息交流下所形成的随机信息交流网络的信息共享度，相对应的股票均衡价格为 $P_{\tilde{\beta}}$，β_0 为交易者通过外生给定的信息网络进行交流所生成的信息共享度，对应的股票均衡价格记为 P_{β_0}。如果 $\beta_0 = E[\tilde{\beta}]$，并且 $E[P_{\tilde{\beta}}]$ 保持不变，那么：

(1) 当 β_0 是 $O\text{-}W$ 波动率曲线的极小值点时，有 $\mathrm{Var}[P_{\tilde{\beta}}] > \mathrm{Var}[P_{\beta_0}]$；

(2) 当 β_0 是 $O\text{-}W$ 波动率曲线的极大值点时，有 $\mathrm{Var}[P_{\tilde{\beta}}] < \mathrm{Var}[P_{\beta_0}]$。

证明： 应用离散的方法，我们只证明 β_0 是极小值的情况，极大值的情况可类似证明。

由方差的定义可知：

$$\mathrm{Var}[P_{\tilde{\beta}}] = \frac{1}{N}\left\{\sum_{i=1}^{N}(P_{\beta_i} - E[P_{\tilde{\beta}}])^2\right\}$$

$$= \frac{1}{N}\left\{\sum_{\beta_i \neq \beta_0}(P_{\beta_i} - E[P_{\tilde{\beta}}])^2 + \sum_{\beta_i = \beta_0}(P_{\beta_i} - E[P_{\tilde{\beta}}])^2\right\}$$

由于 $E[P_{\tilde{\beta}}]$ 保持不变，于是：

$$\mathrm{Var}[P_{\tilde{\beta}}] = \frac{1}{N}\left\{\sum_{i=1}^{N}(P_{\beta_i} - E[P_{\beta_0}])^2\right\}$$

令 M_0 表示 $\beta_i = \beta_0$ 的个数，可得：

$$\frac{1}{N}\sum_{\beta_i = \beta_0}(P_{\beta_i} - E[P_{\beta_0}])^2 = \frac{M_0}{N}\mathrm{Var}[P_{\beta_0}]$$

令 $M_1, M_2, \cdots, M_l$ 分别为 $\beta_i = \beta_1, \beta_i = \beta_2, \cdots, \beta_i = \beta_l$ 的个数，则有：

$$\frac{1}{N}\sum_{\beta_i \neq \beta_0}(P_{\beta_i} - E[P_{\tilde{\beta}}])^2 = \frac{1}{N}\sum_{\beta_i = \beta_1}(P_{\beta_i} - E[P_{\tilde{\beta}}])^2 + \cdots + \frac{1}{N}\sum_{\beta_i = \beta_l}(P_{\beta_i} - E[P_{\tilde{\beta}}])^2$$

$$= \frac{M_1}{N}\mathrm{Var}[P_{\beta_1}] + \cdots + \frac{M_l}{N}\mathrm{Var}[P_{\beta_l}]$$

由于 β_0 是波动率的极小值点，那么对任意的，$\varepsilon > 0, \beta_i \in o(\beta_0, \varepsilon)$ 有：

$$\mathrm{Var}[P_{\beta_i}] > \mathrm{Var}[P_{\beta_0}], i = 1, 2, \cdots, l$$

于是有：

$$\mathrm{Var}[P_{\tilde{\beta}}] = \frac{M_0}{N}\mathrm{Var}[P_{\beta_0}] + \frac{M_1}{N}\mathrm{Var}[P_{\beta_1}] + \cdots + \frac{M_l}{N}\mathrm{Var}[P_{\beta_l}]$$

注意到 $M_1 + M_2 + \cdots + M_l = N$，故可得：

$$\mathrm{Var}[P_{\tilde{\beta}}] > \mathrm{Var}[P_{\beta_0}]$$

得证。

由命题 6.2 的比较分析可知，当只考虑到期收益的波动影响时，随机化的信息共享度会降低价格的波动率，此时价格的波动由到期收益波动性体现。当随机供给的波动远远大于到期收益的波动率时，随机化信息共享度的价格波动率更大，此时可以通过交易者的交流或者信息的充分共享来降低噪音带来的价格波动。随机网络下的价格均值 $E[P_{\tilde{\beta}}]$ 保持不变这一条件看起来很严格，但是经济个体频繁的信息交流使得信息共享度很高，从而导致了价格的期望值 $E[P_{\tilde{\beta}}]$ 变化很小。实际上，当 $E[P_{\tilde{\beta}}]$ 变动很小时，命题的结论仍然成立，接下来的模拟结果也证实了这一点。

6.3.3 波动率数值模拟的讨论

上述理论分析已经说明信息交流网络的随机性变化会对资产价格的波动性产生重要影响，本小节就上述结论给出相应的数值模拟。

我们通过稳健性分析确定生成的价格序列。风险资产的期望收益和随机供给均规范化为 1，假设交易者的风险规避系数为 $\rho = 1$。令 $\sigma_v = 0.35, \sigma_s = 2.8$，$\tilde{\beta}$ 服从区间 $[2, 14]$ 内的均匀分布。图 6.3 给出了生成不同的价格序列所对应的方差，由图 6.3 可知当生成的价格序列达到 5000 万时方差趋于稳定，认为此时模型的结果是稳健可信的。

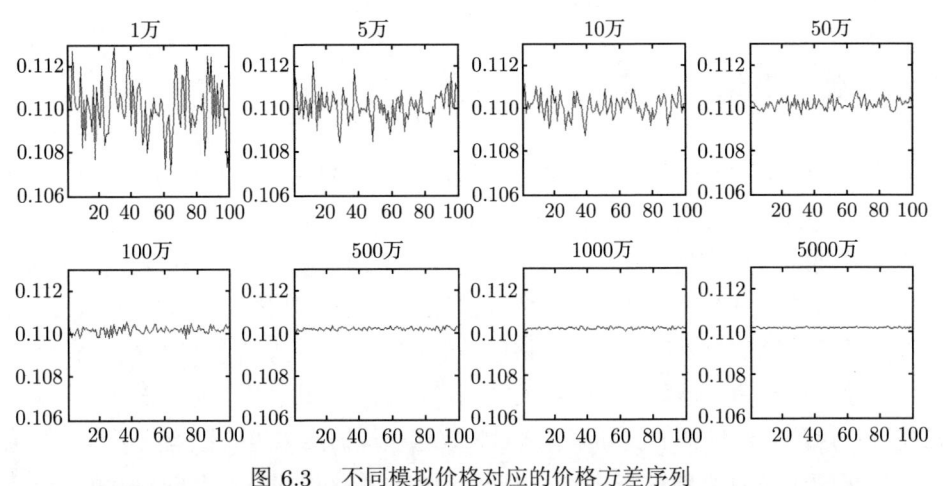

图 6.3　不同模拟价格对应的价格方差序列

注：横轴为生成 $\text{Var}[P_{\tilde{\beta}}]$ 的个数，纵轴为 $\text{Var}[P_{\tilde{\beta}}]$ 的值。

以下讨论信息共享度 $\tilde{\beta}$ 在极小值点和极大值点的条件下对价格波动率的影响。假设 $\tilde{\beta}$ 服从区间 $[a, b]$ 内的均匀分布，表 6.1 展示了不同的结果以及与 $\beta_0 = E[\tilde{\beta}]$ 的比较情形。

表 6.1　信息共享度处于 O-W 波动率曲线极值点的方差和波动率比较

极值点	极小值点	极大值点	极小值点	极大值点
不同情形	方差	波动率	方差	波动率
随机情形 $(\tilde{v}, \tilde{s}, \tilde{\beta})$	0.11021	33.2%	0.00868	9.32%
固定情形 $(\tilde{v}, \tilde{s}, \beta_0)$	0.10816	32.9%	0.00871	9.33%

从表 6.1 可以看出，对于极小值点，价格的方差近似为 0.11021，此时价格的波动率为 33.2%，固定情形下的价格方差和波动率分别为 0.10816 和 32.9%。与固定信息交流下的价格方差和波动率相比较，随机的信息交流增加了价格的波动，

说明信息交流的不确定性在一定程度上加大了价格的波动。对于极大值点，价格的方差近似为 0.00868，价格的波动率为 9.32%。与随机化下的信息程度相比较可知，在该环境下随机化信息共享程度的价格方差相对信息共享度固定时的价格方差减少了 1.8%，相应的波动率下降 0.01%，说明信息交流的不确定性对于价格的波动稍有减少，但是影响并不大。

模拟的结果说明交易者之间的随机交流是影响价格波动率的重要因素，这也正是本书的重要创新之一。金融市场中交易者信息交流的不确定性在一定区间内的随机变化将增大或减小价格的波动，而这种对波动的影响将随着风险资产自身的属性如波动率、资本市场的随机供给波动等特征而变得不同。

6.4 本章小结

考虑到资本市场中交易者交流的不确定性，本章基于资本市场中交易者的社会网络构建随机信息交流网络，研究金融市场中交易者的随机信息交流对资产价格及其波动的影响。我们应用带噪音的理性预期均衡模型，基于社会网络研究交易者理性预期与股票价格的形成，理论推导出资产价格是信息共享度的函数，并分析发现随机信息交流是影响资产价格波动的重要因素。当信息共享度较高时，随机的信息交流将增加风险资产价格的波动率，当信息共享度较低时随机的信息交流将降低风险资产价格的波动率。最后，数值模拟的结果进一步验证了这一结论。

基于随机信息交流的资产价格及波动性的影响研究是一个创新性的研究领域，它依赖于交易者之间相互交流的社会网络，这为资产价格提供了新的波动性分析，有助于我们从交易者的社会属性进一步探究价格的波动。我们所构建的基于交易者随机交流的资产价格模型有效地刻画了资产价格的需求量随着交易者与其他交易者交流信息的动态演化，随机信息交流网络的最大特点是能够捕捉资本市场中交易者的真实交流状态，从交易者交流的微观结构出发深入探究他们每一时刻的交流状态对资产价格的影响，这样的分析方法对资本市场的信息结构与资产价格的研究具有重要的指导作用。

对于本章的研究，我们可以进行两方面的推广：一是风险资产的多样化；二是交易期数的动态化。

一方面，对于多类风险资产的研究，可以参考阿德玛蒂（Admati, 1985）。阿德玛蒂假设交易者所获得的信息残差是相互独立的，但是由于交易者通过信息网络进行交流，这样的假设会使得资产的均衡价格具有一些有意思的相关性结构。例如，如果资本市场中的两个通过信息网络相连的交易者，他们拥有共同的某些风险资产，因而通过信息的交流共享，他们所拥有的这些同类风险资产的收益可能会表现出某种相关性。这样的研究有助于解释真实市场中所见到的资产的"联动性"现象。

另一方面，对于将随机信息交流网络下的研究推广到动态的多期情形。通过前几章的研究，我们知道信息是随着时间在网络中的逐渐传递的。考虑到多期情形，我们可以假设交易者根据信息网络交流所修正的信息集不仅和当前时刻的信息有关，也可能考虑多期后的影响。考虑多期的信息情形，可以解释资本市场所观察到的多种价格动态的奇异想象。例如，卡特勒（Cutler, 1989）和费尔（Fair, 2002）的研究指出，许多股票价格的波动与公开信息的公布时间并不一致，并且很难从投资者的微观层面解释私有信息与股票市场运动的相关性。通过资产价格与交易者信息交流的多期模型，我们或许可以解释信息在不同交易者中的传递作用。某类私有信息先被市场中的一小部分交易者获知，随着信息网络的交流不断扩大，信息开始被广泛传播，并且会在初始的一段时间内导致价格较大的波动。可以看出，这样的价格波动与信息公开的时间并没有关系，价格是由信息交流网络中信息的逐渐传递引起的。

第 7 章 我国资本市场的行为异质性——基于HAM的实证检验

异质性行为人模型（HAM）是异质性预期（信念）和资产价格研究领域的重要模型之一，该模型通过刻画资本市场中投资者行为和资产价格的动态演化，将资本市场看作一个复杂且各变量相互作用的复杂非线性动力学系统。HAM 模型的构建与理论分析已相当完善，但由于模型的非线性使得基于 HAM 模型的实证检验较难处理，而目前也没有应用该模型对我国资本市场的实证分析。因此，本章重点介绍布罗克和霍姆斯（1997，1998）所提出的异质性预期演化的理论框架，并基于异质性行为人的资产定价模型（HAM）实证检验我国资本市场的行为异质性。

7.1 异质性行为人的资产定价模型

假设资本市场中的交易者可以投资于两类资产：一种是无风险资产，另一种是风险资产。无风险资产是完全的弹性供给并且无风险利率固定为 r；风险资产可以看作市场中的大盘股或者市场指数，在未来支付不确定的红利流。

7.1.1 基础模型

令 p_t 为 t 时刻每单位风险资产的（除息）价格，y_t 为风险资产的随机红利流，则财富动态可以表示为：

$$W_{t+1} = (1+r)W_t + (p_{t+1} + y_{t+1} - (1+r)p_t)z_t$$

其中，z_t 表示 t 期行为人购买的风险资产的份数。

令 E_t 和 V_t 分别表示基于公开可得的信息（如过去价格和红利等）的条件期望和方差。令 E_{ht} 和 V_{ht} 分别代表类型为 h 的交易者关于条件期望与条件方差的预测值或者信念。假设所有交易者对价格的期望值存在 h 种不同类型的预期，而对价格的波动有共同的认识，即 $V_{ht} = \sigma^2$。假设投资者是短视的均值—方差最大化者，因此，类型为 h 的交易者的风险资产需求 z_{ht} 是式 (7.1) 的解：

$$\max_{z_t} E_{ht}\left\{[W_{t+1}] - \frac{a}{2}V_{ht}[W_{t+1}]\right\} \tag{7.1}$$

其中，a 表示风险规避系数，假设所有交易者具有相同的风险规避程度。根据式 (7.1)，则类型为 h 的投资者在 t 期对风险资产的需求为：

$$\begin{aligned}z_{ht} &= \frac{E_{ht}[p_{t+1} + y_{t+1} - (1+r)p_t]}{aV_{ht}[p_{t+1} + y_{t+1} - (1+r)p_t]} \\ &= \frac{E_{ht}[p_{t+1} + y_{t+1} - (1+r)p_t]}{a\sigma^2}\end{aligned}$$

假设每个交易者对风险资产的供给为常数，记为 z^s，则市场出清的均衡定价方程可表示为：

$$\sum_{h=1}^{H} n_{ht}\frac{E_{ht}[p_{t+1} + y_{t+1} - (1+r)p_t]}{a\sigma^2} = z^s$$

其中，n_{ht} 表示类型为 h 的投资者在 t 时刻的市场占比，H 表示不同预期种类的交易者的总类型数。参考布罗克和霍姆斯（1998）关于非上市股的供给为 0 的假设，则市场均衡定价方程为：

$$(1+r)p_t = \sum_{h=1}^{H} n_{ht}E_{ht}[p_{t+1} + y_{t+1}] \tag{7.2}$$

应当注意到，如果行为人是理性的并且具有相同的预期，即行为人为经典的经济学理论中的"代表性行为人"，则市场均衡方程（7.2）可简化为：

$$(1+r)p_t = E_t[p_{t+1} + y_{t+1}] \tag{7.3}$$

其中，E_t 表示所有交易者的共同条件期望，该期望基于公开所得的信息集 I_t，信息集可以是过去价格和红利流，$I_t = \{p_{t-1}, p_{t-2}, \cdots; y_{t-1}, y_{t-2}, \cdots\}$。

均衡方程（7.3）说明，当贴现率为无风险利率时，风险资产当前的价格等于其未来的期望价格和红利流的贴现值的加总，即风险资产的价格可唯一表示为：

$$p_t^* = \sum_{k=1}^{\infty} \frac{E_t[y_{t+k}]}{(1+r)^k} \tag{7.4}$$

其中，价格 p_t^* 称为基本面价格或者严格意义上的理性预期基本面价格，并且有

$$\lim_{t\to\infty}\frac{E_t[p_{t+k}]}{(1+r)^k}=0 \tag{7.5}$$

基本面价格是市场中仅存在理性交易者的市场价格，并且市场是有效的。基本面价格完全由经济基本面的情况决定，即由预期的未来价格红利流的贴现值加总给出。对于有效市场而言，基本面价格 p_t^* 取决于随机红利流 y_t。在完全理性预期的市场中，所有的交易者都会一致地认为风险资产的价格永远等于它的基本面价格（或者内在价值），资产价格的变动只会由资产价格本身的基本面变化或者未来红利流的随机变化所驱动。

7.1.2 异质性预期与预测规则

在异质性行为人的资产定价模型中，市场均衡定价方程（7.2）说明风险资产的价格 p_t 是所有不同异质性预期（信念）类型的交易者对未来价格和红利流的贴现值的加总。本章将基于交易者的异质性预期做相关讨论，令 $x_t=p_t-p_t^*$ 表示真实价格相对基本面价格的偏离值，并对信念类型为类型 h 的交易者做如下假设。

（1）所有交易者关于条件方差的信念都是相等的常数，即对于任意的 h 和 t，有：

$$V_{ht}[p_{t+1}+y_{t+1}-(1+r)p_t]=V_t[p_{t+1}+y_{t+1}-(1+r)p_t]=\sigma^2$$

（2）未来价格的红利流是可观测的外生的随机变量，并且所有交易者关于红利流的期望都是相等的，即：

$$E_{ht}[y_{t+1}]=E_t[y_{t+1}]$$

（3）交易者认为真实的市场价格会以基于过去相对基本面价格偏离值的函数偏离基本面价格 p_t^*，即：

$$E_{ht}[p_{t+1}]=E_t[p_{t+1}^*]+f_h(x_{t-1},\cdots,x_{t-L})$$

值得注意的是，交易者的异质性表现在对未来价格的预期，这对市场价格的实现值有着内在影响。相对基本面价格偏离值的函数 f_h 称为预测规则，每种预测规则 f_h 都代表一种市场模型，预期类型为 h 的交易者都会一致地认为价格偏离共同的基本面价格 p_t^*。

应用异质性预期的假设，市场均衡价格方程可改写为：

$$(1+r)x_t = \sum_{h=1}^{H} n_{ht} E_{ht}[x_{t+1}] \equiv \sum_{h=1}^{H} n_{ht} f_{ht}$$

其中，$f_{ht} = f_h(x_{t-1}, \cdots, x_{t-L})$。特别地，当预测规则 $f_{ht} = 0$ 时，该均衡方程化为基准的理性预期资产定价模型。

对于交易者而言，预测规则的选定是一个复杂的心理过程。很多学者都对交易者的预测规则进行了深入的探讨，虽然越复杂的预测规则越能准确地刻画交易者的心理选择过程，但是复杂的预测规则会使得包含足够多的交易者的市场模型更加复杂，从而难以得到市场的均衡价格。具有代表性的是布罗克和霍姆斯（1998）所提出的仅有一期滞后的简单的线性预测规则，即：

$$f_{ht} = g_h x_{t-1} + b_h \tag{7.6}$$

式（7.6）的线性预测规则虽然是极其简单的，但它可以描述一些具有代表性的市场交易者类型。例如，当趋势跟随系数 $g_h = 0$ 和有偏系数 $b_h = 0$ 时，这个预测规则简化为基本面分析者的预测规则，即：

$$f_{ht} \equiv 0$$

基本面分析者会认为真实价格相对基础价值的偏离 $x_t = 0$，即市场价格等于基本面价格 p_t^*。应用线性预测规则式（7.4），当有偏系数 $b_h = 0$ 时，预测规则可转化为趋势跟随规则，即：

$$f_{ht} = g_h x_{t-1}, g_h > 0$$

仅当趋势跟随系数 $g_h = 0$，预测规则变为纯有偏信念规则，即：

$$f_{ht} = b_h$$

需要说明的是，这种简单的纯有偏的信念预测规则说明交易者在下一时期可能形成任意正有偏或者负有偏的预测值。

7.1.3 预期的演化动态

在异质性预期的市场中，每个交易者都会对未来价格的持有不同信念，并且交易者会根据其异质性预期不断调整其决策行为，行为的不断演化使得真实的资产价格不仅停留在基本面价格的上下波动，甚至会实现短暂的泡沫与崩溃之间的内在转换。异质性行为人的资产定价模型描述了交易者的预期演化动态，即市场中不同类型的交易者的占比 n_{ht} 是如何随着时间演化的。这种占比的演化是按照一定的规则进行的，本小节将做简单的介绍。

假设所有交易决策的演化拟合度对于所有交易者都是公开可得的信息，根据随机效用模型，演化拟合度如下：

$$\widetilde{U}_{ht} = U_{ht} + \varepsilon_{iht}$$

其中，U_{ht} 表示确定性部分，而 ε_{iht} 表示噪音项，并且 ε_{iht} 对于所有个体交易者 i 而言都是独立同分布。随着市场中交易者的个数趋于无穷大，交易者选择预测规则为类型 h 的概率可以由多项式离散模型给出，即：

$$n_{ht} = \frac{e^{\beta U_{ht-1}}}{Z_{t-1}}, \quad Z_{t-1} = \sum_{h=1}^{H} e^{\beta U_{ht-1}} \tag{7.7}$$

其中，Z_{t-1} 表示标准化因子，使得 n_{ht} 相加等于 1。β 表示选择强度参数，它度量了交易者转换到更好地预测规则的速度。特别地，当 $\beta = 0$ 时，交易者的预期不存在转换，所有交易者的市场占比均为 $1/H$；另一种极端情况，当 $\beta = +\infty$ 时，所有交易者都会一致地转化为最佳的预测规则。

事实上，不同预测规则的交易者占比和市场均衡价格构成了 ABS（自适应信息）系统，他们随着时间的推移共同演化。由市场均衡方程可知，均衡价格取决于 n_{ht}。由式（7.7）可以看出，每种类型的交易者占比 n_{ht} 又取决于过去的演化拟合度 U_{ht-1}，而该拟合度 U_{ht-1} 取决于 $t-1$ 时刻的价格 p_{t-1} 和红利 y_{t-1}。当市场均衡价格 p_t 出现之后，交易者会据此进行信念的演化并形成新的比例 n_{ht+1}，这些新的市场类型占比会形成新的价格 p_{t+1}，以此类推，这个过程不断重复，形成了交易者异质性预期的转换与市场价格的动态演化。

对于演化拟合度的测度选取，最自然的选取是累积的利润实现值，即：

$$U_{ht} = (p_t + y_t - Rp_{t-1})\frac{E_{ht-1}[p_t + y_t - Rp_{t-1}]}{a\sigma^2} - C_h + \omega U_{ht-1}$$

其中，$R = 1 + r$ 表示总的无风险回报率，C_h 表示得到预测规则 h 的每期平均成本。

用相对基本面价格的偏离值改写演化拟合度，可表示为：

$$U_{ht} = (x_t - Rx_{t-1})\frac{f_{h,t-1} - Rx_{t-1}}{a\sigma^2} - C_h + \omega U_{ht-1}$$

7.2 异质预期的价格比现金流资产定价模型

上一节已经介绍了异质性行为人资产定价的经典模型，该模型中假设风险资产的随机红利流是平稳且独立同分布的，从而导致资产的基本面价格是不变的常数。参考博斯维克等（Boswijk et al., 2007），本小节将介绍用于市场实证检验的异质性信念的价格比现金流的资产定价模型。

7.2.1 价格比现金流的基本模型

已知在假设无风险资产的净供给的条件下，市场均衡的定价方程为：

$$(1+r)p_t = \sum_{h=1}^{H} n_{ht} E_{ht}[p_{t+1} + y_{t+1}]$$

一方面，由于现金流是给定外生的随机过程，有限理性的交易者可以通过简单计算获知常数增长率，例如通过简单的回归 $ln(y_t/y_{t-1})$。另一方面，价格是系统内生决定的，并且受到交易者关于下一期价格预期的影响。因此，在价格比现金流模型中，假设资本市场中的所有交易者有关于未来现金流（红利流）y_t 的同质信念；而所有投资者关于未来现金流具有同质信念，对于未来风险资产价格 p_t 有异质性信念。令 $\delta_t = p_t/y_t$ 表示价格比现金流的比例（price-to-cash flow ratio），则均衡方程可化为：

$$\delta_t = \frac{1}{R^*} \left\{ 1 + \sum_{h=1}^{H} n_{ht} E_{ht}(\delta_{t+1}) \right\} \tag{7.8}$$

其中，$R^* = \dfrac{1+r}{1+g}$。

在常数贴现率 r 和常数增长率 g 的情况下，根据静态的戈登增长模型（Gordon, 1962），则有：

$$\delta_t^* = \frac{p_t^*}{y_t} = \frac{1+g}{r-g} \equiv m$$

$$p_t^* = \frac{1+g}{r-g} y_t$$

其中，p_t^* 为风险资产的理性预期的基本面价格，δ_t^* 为基本面价格比现金流比例。

当所有交易者是理性预期的，式（7.8）所表示的市场均衡方程变为：

$$\delta_t = \frac{1}{R^*} \{1 + E_t(\delta_{t+1})\}$$

因此在异质性预期下，市场均衡方程可表示为：

$$x_t = \frac{1}{R^*} \sum_{h=1}^{H} n_{ht} E_{ht}(x_{t+1})$$

其中，$x_t = \delta_t - \delta_t^* = \delta_t - m$ 表示实际价格比现金流相对基本面价格比现金流的偏离值。由此，可以看出，用价格比现金流比例所表示异质信念下的资产定价模型与上节所描述的经典的异质性行为人的市场均衡本质上是相同的。

7.2.2 异质性预期的转换

根据前述的讨论，交易者对未来一期的价格比现金流比例具有异质性预期，本小节讨论这种异质性预期的转换规则。定义类型为 h 的交易者关于未来下一期价格比现金流比例的预期为：

$$E_{ht}[\delta_{t+1}] = E_t[\delta_{t+1}^*] + f_h(x_{t-1},\cdots,x_{t-L}) = m + f_h(x_{t-1},\cdots,x_{t-L})$$

其中，$E_t[\delta_{t+1}^*] = m$ 表示所有交易者关于价格比现金流比例的理性预期。函数 f_h 代表类型为 h 的交易者所预期的真实价格比现金流相对基本面价格比现金流比例的偏离值，交易者在 t 时期可得的信息包括过去的价格以及现在和过去的现金流。特别地，用相对基本面价格比现金流的偏离值 x_t 来表示，即：

$$E_{ht}[x_{t+1}] = f_h(x_{t-1},\cdots,x_{t-L})$$

应当注意到，对于所有交易者类型 h，当 $f_h \equiv 0$ 时，所有理性的预期的基本面基准情况已被包含在异质性行为人的资产定价模型中，即有：

$$R^* x_t = \sum_{h=1}^{H} n_{ht} f_h(x_{t-1},\cdots,x_{t-L})$$

假设交易者是有限理性的并且所掌握的信息是不完全的，他们根据历史的实际收益作为演化拟合度的测度从而转换不同的预期策略。令 π_{ht-1} 表示类型为 h 的交易者在时段 $t-1$ 所得的实际收益，即：

$$\begin{aligned}\pi_{ht-1} &= (p_{t-1} + y_{t-1} - (1+r)p_{t-2})z_{ht-2} \\ &= (p_{t-1} + y_{t-1} - (1+r)p_{t-2})\frac{E_{ht-2}[p_{t-1} + y_{t-1} - (1+r)p_{t-2}]}{aV_{t-2}[p_{t-1} + y_{t-1} - (1+r)p_{t-2}]}\end{aligned}$$

其中，z_{ht-2} 表示信念类型为 h 的交易者 $t-2$ 期形成的关于风险资产的需求。

假设所有投资者对于超额收益的方差预期是同质的，并且等于基础面分析者的条件方差的信念，则有

$$V_{ht-2}[R_{t-1}] = V_{t-2}[p_{t-1}^* + y_{t-1} - (1+r)p_{t-2}^*] = y_{t-2}^2\eta^2$$

其中，$\eta^2 = [(1+m)(1+g)]^2 V_{t-2}(\epsilon_{t-1})$，$\epsilon_t$ 表示现金流中独立同分布的噪音项。将演化拟合度改写为用相对基本面价格比现金流比例的形式，则超额收益为：

$$\pi_{ht-1} = \frac{(1+g)^2}{a\eta^2}(x_{t-1} - R^* x_{t-2})(E_{ht-2}(x_{t-1}) - R^* x_{t-2})$$

其中，$x_t = \delta_t - \delta_t^* = \delta_t - m, m = (1+g)/(r-g)$。基于对下一期真实价格相对基本面价格比现金流比例的偏离值形式，我们可以给出该演化拟合度测度的直观解释。R^* 可理解为理性泡沫解的增长率，那么正的需求 z_{ht-2} 可以看作是 x_{t-1} 的增长率高于 $R^* x_{t-2}$ 的平均预期增长率的赌注，而预测类型 h 的演化拟合度 π_{ht-1} 是从这个赌注中得到的利润实现值。如果偏离值的实现值 $x_{t-1} > R^* x_{t-2}$ 和偏离值的预测值 $E_{ht-2}(x_{t-1}) - R^* x_{t-2}$ 同时成立，就有演化拟合度 $\pi_{ht-1} > 0$。一般地，如果相对基本面价格比现金流比例绝对的偏离值的实现值 $|x_{t-1}|$ 和绝对偏离值的预测值 $|E_{ht-2}(x_{t-1})|$ 都比绝对偏离值 $|x_{t-2}|$ 的 R^* 倍大，那么策略 h 所产生的演化拟合度 $\pi_{ht-1} > 0$。相反，对资产价格无论向基本面价格回归还是基本面价格偏离的错误预测则会产生演化拟合度测度负的实现值。

在 t 期期初，投资者通过比较不同策略相对应的实际收益，从相对差的策略转换到表现好的投资策略。类似于上一节的讨论，每种类型的交易者占比 n_{ht} 表示为简单的离散选择模型，即：

$$n_{ht} = \frac{\exp(\beta\pi_{ht-1})}{\sum_{k=1}^{H}\exp(\beta\pi_{ht-1})}$$

其中，β 为选择强度。

7.3 我国资本市场异质性的实证检验

7.3.1 模型的设计

我国资本市场是一个复杂的交易者预期与资产价格相互作用的自适应经济系统，简单起见，我们考虑双类型的异质性预期的情形。假设市场中存在两种类型

的异质性预期的行为人，他们通过线性形式外推出过去的实现值，进而预期下一期的价格比现金流的偏离值，即：

$$E_{ht}(x_{t+1}) = f_h(x_{t-1}) = \varphi_h x_{t-1}$$

则双类型的异质性预期资产定价模型表示为：

$$R^* x_t = n_t \varphi_1 x_{t-1} + (1-n_t)\varphi_2 x_{t-1} + \varepsilon_t$$

其中，n_t 表示第一种类型的投资者占比，ε_t 表示干扰项，φ_1 和 φ_2 分别表示两种预期类型的系数。如果信念参数满足 $0 < \varphi_h < 1$，则交易者预期股票价格将向基础价值均值回归，我们称这种类型的交易者为基本面分析者，他们预期在长期中资产价格将向基本面价格回归。φ_h 越接近于 1，交易者预期的偏离越持久。如果信念参数 $\varphi_h > 1$，则投资者相信股票价格相对基本面的偏离将以固定的速率持续增长，我们称这类交易者为趋势跟随者。值得注意的是，当某一类交易者的信念参数 $\varphi_h > R^*$，这样的强趋势信念将导致风险资产进一步偏离其基本面价格。

选取实际的收益作为交易者预测规则演化拟合度的测度，记第一种类型的交易者为基本面分析者，则基础面分析者的市场占比可表示为：

$$n_t = \frac{1}{1+\exp\{-\beta^*[(\varphi_1-\varphi_2)x_{t-3}(x_{t-1}-R^*x_{t-2})]\}}$$

其中，$R^* = \dfrac{1+r}{1+g}$，$\beta^* = \beta(1+g)^2/(a\eta^2)$，$\beta$ 表示基本面分析者和趋势跟随者在两种类型的预测规则之间的选择强度。

根据前述的讨论，投资者会根据历史 $t-1$ 时刻的实际收益更新 t 时期初的预期，从而市场的异质性预期生成，交易者调整行为决策，进而决定了时刻 t 的股票价格。在 t 时期末，投资者得到实际的收益并据此在 $t+1$ 时期初做出预期调整，进而决定 $t+1$ 时期初的股票价格。以此类推，投资者预期与股票价格构成了自适应的非线性复杂系统。用实际价格比现金流相对基本面价格比现金流比例的偏离值表示，即：

$$R^* x_t = n_t\varphi_1 x_{t-1} + (1-n_t)\varphi_2 x_{t-1} + \varepsilon_t$$

$$n_t = \frac{1}{1+\exp\{-\beta^*[(\varphi_1-\varphi_2)x_{t-3}(x_{t-1}-R^*x_{t-2})]\}}$$

7.3.2 数据的选取

本书分别根据 2005 年 4 月至 2015 年 12 月的沪深 300 指数和 2002 年 1 月至 2015 年 12 月的上证指数的月度相关数据对价格比现金流模型进行实证检验，

数据来源于 Wind 资讯客户端的数据库。

我们选取股票的每股收益作为未来现金流，价格比现金流即表示市盈率，股票的实际价格由总市值与总股本的比值给出。股票的基本面价格由戈登增长模型给出，即：

$$p_t^* = m y_t, m = \frac{1+g}{r-g}$$

其中，乘子 m 可以视作平均市盈率或者由 PVM（present value model）推出的本利比，该值取决于贴现率 r 和增长率 g。参考博斯维克等（2007）的讨论，贴现率 r 等于无风险利率加上风险溢价，即 $r = g + y/p$。y/p 是平均红利所得 y_t/p_t，现金流的增长率 g 由资本利得增长率 $g = \frac{p_t - p_{t-1}}{p_{t-1}}$ 给出。

图 7.1 给出了沪深 300 指数和上证指数月度数据的实际价格和基本面价格的对数描述，以及相应的市盈率和 PVM 模型得出的常数市盈率，该图清晰地展示了沪深 300 指数基本面价格和股价的长期同步。从图 7.1 中可以看出，对于我国股票市场而言，基本面价格存在长期的上升趋势，而真实的价格也处于长期增长状态，但是波动性相对较大。除个别时段外，股票的真实价格和基本面价格基本存在长期的同步移动趋势。然而，市盈率则由在现值模型（PVM）得出的常数市盈率附近上下不断震荡。以上分析可以看出，沪深 300 指数的基本面价格的变化并不能完全解释股票市场真实的价格波动，这与萨莫斯（Summers, 1986）关于股价均值回复的讨论相一致。

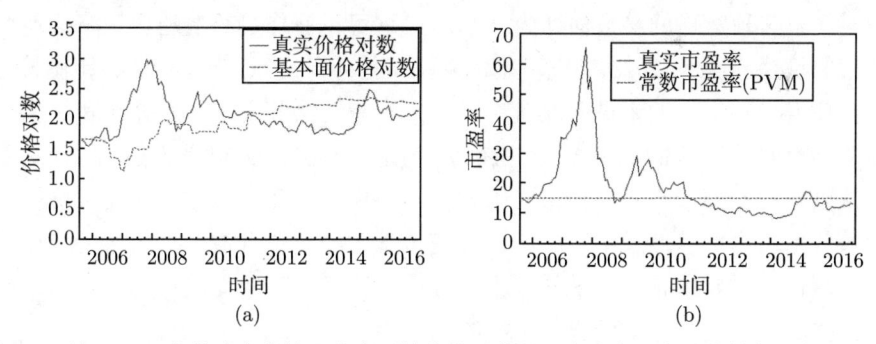

图 7.1 沪深 300 指数真实价格和基本面价格的对数以及真实市盈率和常数市盈率 (PVM)

7.3.3 模型的估计结果与分析

（1）沪深 300 指数估计结果。我们根据沪深 300 指数估计了模型的参数值，方法为非线性最小二乘法（NLLS）。对于各个变量的值的计算，R^* 的值由公式

$(1+r)/(1+g)$ 给出，等于 1.0667。并且我们给出了模型的回归参数 R^2, AIC 值和线性 AR(1) 过程对应的 AIC 值，以及 LB 检验统计量的 4 阶自回归残差的 p 值。时间序列的偏自相关函数在滞后期 1 以后有截尾特征，说明时间序列是一阶自相关的。模型采用一阶的预测规则估计出来的结果中没有出现误设定的情况，也证明了这一点。估计结果如下：

$$R^* x_t = n_t 0.9393 x_{t-1} + (1-n_t) 1.1197 x_{t-1} + \varepsilon_t$$

$$(0.0000) \qquad\qquad (0.0000)$$

$$n_t = \{1 + \exp[-4.5586(-0.1804 x_{t-3})(x_{t-1} - R^* x_{t-2})]\}^{-1}$$

$$(0.698)$$

$R^2 = 0.9486, AIC = 4.8264, AIC_{AR(1)} = 4.967, \varphi_{AR(1)} = 0.9653, Q_{LB}(4) = 0.1097$

估计结果显示，信念参数都显著并且彼此不等，但是选择强度 β^* 并不显著不为 0。需要强调的是，在选择类型转换的回归模型中，转换函数的参数 β^* 一般很少显著，并且方差很大，因为 β^* 的变动对 n_t 的影响非常小，这与博斯维克等（2007）的估计类似。相比线性的 AR（1）模型，非线性选择模型的 AIC 更小，这说明非线性模型更好地拟合到了数据中的非线性，残差在 5% 的置信水平上无显著自相关。

结果表明，我国资本市场存在两种不同策略的投资者。第一种策略系数为 0.9393，这可以看作基本面分析者的策略，他们预期价格将回归基本面价值。与之相对，第二种策略的参数估计为 1.1197，这可以看作趋势追随者策略，他们坚信未来的价格将至少以 R^* 的速率偏离基本面价值。当趋势追随者的比例接近 1 时，会使得股票价格的市盈率显著上升。投资者情绪随着基本面分析和趋势分析策略的转换而不断变换。在股票价格波动的正常时段，交易者认为价格相对基本面的偏离是短暂的，价格将很快回归到基本面价格。在其他时段，股票价格的过快增长与基本面价值增长不匹配，这会使得基本面投资者遭受损失而趋势追随者获利。演化结果导致越来越多的基本面分析者转换策略成为趋势追随者，进而强化了价格的上升趋势，促使股票价格的进一步上升。

参考博斯维克等（2007），我们同样给出关于市场平均情绪指数的定义，即：

$$\varphi_t = \frac{n_t \varphi_1 + (1-n_t)\varphi_2}{R^*}$$

如图 7.2 所示，基本面价格分析者的比例在 (0, 1) 之间变化，并且有些时期甚至达到 1 或者 0。一方面，当比例 n_t 接近或等于 1 时，说明此时股票市场由基本面分析者主导。另一方面，当比例 n_t 接近或等于 0 时，此时趋势追随者主导市场。图 7.3 所示的市场平均情绪指数说明，我国股票市场随着基本面分析者和趋势追随者主导地位的转换而显著变化。对比发现，当趋势追随者主导市场时，市场平均情绪指数高涨，情绪指数接近甚至高于 1；而当基本面分析者主导时，市场情绪指数开始回降。

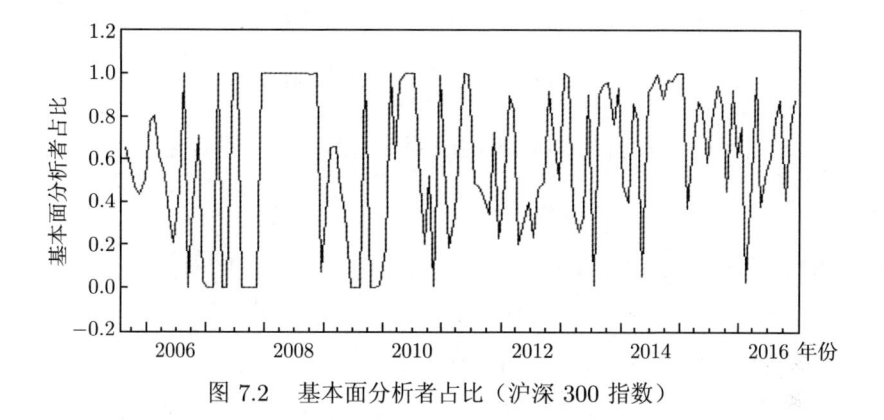

图 7.2　基本面分析者占比（沪深 300 指数）

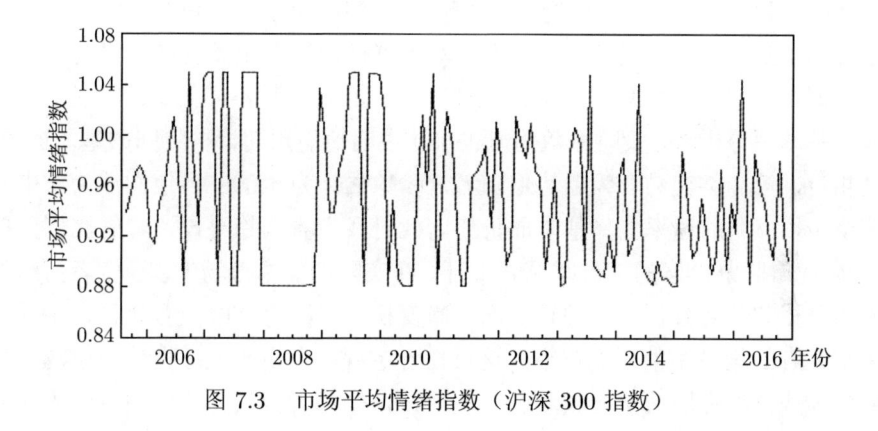

图 7.3　市场平均情绪指数（沪深 300 指数）

依据上述结果，可以给出 2008 年前后我国股票市场大幅波动的解释。在 2007 年的一段时间内，基本面投资者的比例接近为 0，此时市场中几乎所有投资者预期价格将会偏离基本面，并采取趋势追随的激进交易策略。价格趋势得到加强，投资者信念得到进一步强化，从而导致真实的价格不断偏离基础面价格，造成 2007 年的价格大幅上涨。这种状况一直持续，直到 2008 年初股票价格发生逆转。此时价格明显高于基础价值，投资者开始意识到价格远远偏离了基础价值，大多数投资者预期价格将回归基础价值，他们纷纷采取基本面分析策略，市场中基础面分析者开始主导市场。基础面分析者的比例持续一段时间内都将接近于 1，这段时间内价格将逐步回归到基本面价格，正如图 7.1 所示的 2008 年股票价格的下降阶段。从图 7.3 的市场平均情绪指数也可以看出，在 2007 年内的几个月里，市场平均情绪指数都超过 1，这促使价格不断偏离基础面价值。

（2）上证指数的估计结果。对于上证指数的估计，可以得到如下估计结果：

$$R^*x_t = n_t 0.9538 x_{t-1} + (1-n_t) 1.0988 x_{t-1} + \varepsilon_t$$

(0.0000)　　　　　　(0.0000)

$$n_t = \{1 + \exp[-0.5028(-0.145 x_{t-3})(x_{t-1} - R^* x_{t-2})]\}^{-1}$$

(0.499)

$R^2 = 0.9556, AIC = 5.0259, AIC_{AR(1)} = 5.1346, \varphi_{AR(1)} = 0.9761, Q_{LB}(4) = 0.0867$

估计结果显示，信念参数也都显著并且彼此不等，并且选择强度 β^* 并不显著不为 0。和之前的讨论一致，在选择类型转换的回归模型中，由于 β^* 的变动对 n_t 的影响非常小，转换函数的参数 β^* 一般很少显著，并且导致方差会很大。相比线性的 AR（1）模型，非线性选择模型的 AIC 更小，这说明非线性模型更好地拟合到了数据中的非线性，残差在 5% 的置信水平上无显著自相关。

上证指数的结果表明，我国 A 股市场同样存在两种不同策略的投资者。第一种即为基本面分析者，策略系数为 0.9538，说明他们预期价格将回归基本面价值。与之相对，第二类交易者为趋势追随者，参数估计为 1.0988，他们认为未来的价格将至少以 R^* 的速率偏离基本面价格。此时我们看到趋势投资者的比例已接近 1，这会使得股票价格的市盈率显著上升。在实际的资本市场中，投资者情绪随着基本面分析和趋势分析策略的转换而不断变换。与沪深 300 指数相比，上证指数两类交易者的策略系数相差较小，这可在一定程度上说明上证指数的市场交易者策略较为成熟。在股票价格波动的一些时段，交易者会认为价格相对基本面的偏离是短暂的，价格将很快回归到基本面价格。当股票价格的过快增长与基本面价值增长并不匹配时，这会使得基本面投资者遭受损失而趋势追随者获利，只是对于上证指数而言，趋势追随者的趋势追随策略并没有沪深 300 指数所表现得那么明显。

我们同样描述了上证指数情形下基本面分析交易者的占比以及市场平均情绪指数，如图 7.4 和图 7.5 所示。

由图 7.4 可知，基本面价格分析者的比例在 (0,1) 之间变化，而在有些时期也会达到 1 或者 0，这说明基本面分析者和趋势追随者交替主导股票市场。图 7.5

所示的市场平均情绪指数同样说明我国股票市场随着基本面分析者和趋势追随者主导地位的转换而显著变化。类似于沪深 300 指数的基本面分析者特征，同样可以解释 2007~2008 年我国股票市场的剧烈波动。只是和沪深 300 指数情形对比发现，在 2008 年之后，上证指数所表现的基本面分析者和趋势追随者的比例并不会大幅度变化，即不会有一方主导市场的显著特征，这和我国股市近年来的逐步完善以及相应的救市政策不无关系。

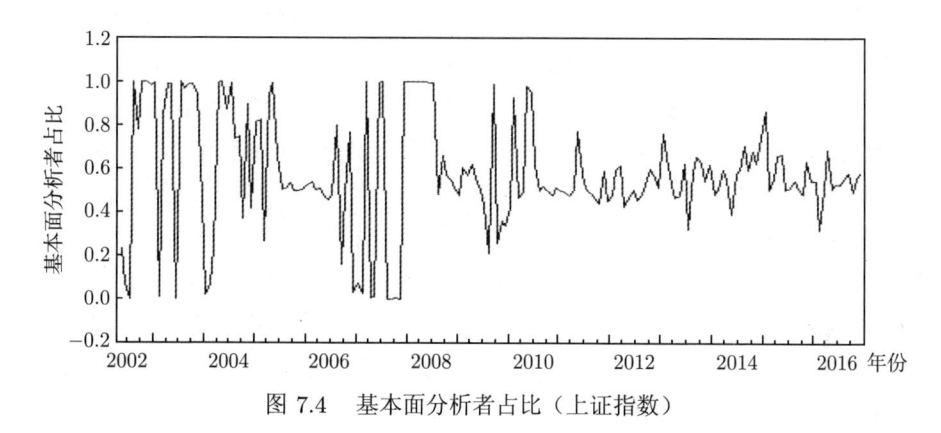

图 7.4　基本面分析者占比（上证指数）

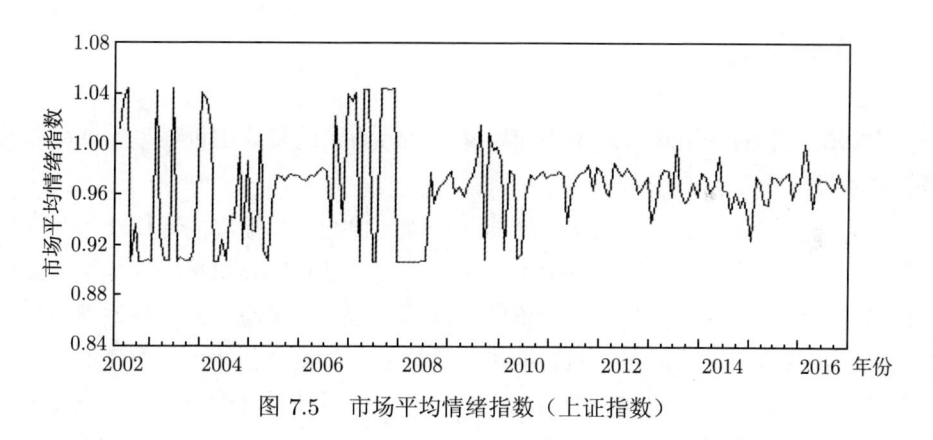

图 7.5　市场平均情绪指数（上证指数）

无论是沪深 300 指数还是上证指数，估计结果都说明我国资本市场存在两种类型的异质性信念：一种是行为人预期收益的趋势持续，另一种是行为人预期收益的趋势逆转。我们也发现，一段时间内一种预期将主导市场，但在多数时期内，市场中会存在不同类型的投资者。基于我国市场的检验分析，我们可以同样验证BSV 模型的假设。然而，BSV 模型只给出了趋势持续还是趋势逆转预期策略的简单解释，异质性交易者的占比是外生的，而基于异质性行为人的资产定价模型的分析内生了行为人在不同的信念之间转换，使得交易者的预测规则选择与过去的绩效表现相关联的演化机制得到了来自我国资本市场的数据支持。我们正是通过对这种内生的异质性预期的资产定价给出了我国资本市场的实证检验，从而验证了交易者的行为异质性。

上述模型结果与很多学者的实证结果相一致，说明基于绩效表现的强化学习的投资决策在真实的投资市场中起着重要作用。如卡斯基（Karceski, 2002）基于共同基金数据的研究表明，基金收益表现在短期时间内持续，资金会从过去收益表现较好的基金中流入，从过去表现较差的基金流出。格尔尼卡和特卡克（Guerico & Tkac, 2002）关于养老基金的研究则说明，相比于选择好的收益的基金表现，养老基金会在规避表现较差收益的基金时更为严格。对于调研数据也有类似的结论。根据调研的反馈，希勒（2000）构造了"泡沫预期指数"和"投资者信心指数"。基于这两类指数，希勒发现，指数的时变性能够很好地对股票价格中的滞后变化加以解释。此外，费希尔和斯特曼（Fisher & Statman, 2002）的一个基于投资者类型的调研识别了信念中的异质性，他们发现，个人投资者往往会形成最近的股票收益的趋势持续预期，而机构投资者对于股票的收益趋势预期则会表现出相反的方向变化。

7.4 本章小结

本章是全书的应用章节，主要应用异质性行为人的资产定价模型实证检验我国资本市场的行为异质性。

首先，我们介绍了布罗克和霍姆斯（1997，1998）所提出的异质性行为人的资产定价模型以及价格比现金流模型。这两个模型是研究异质性预期与资产定价领域的经典模型，异质性行为人的资产定价模型是基础模型，而价格比现金流模型是在前者的基础上的拓展，这有助于实证检验中的模型估计。异质性的行为人资产定价模型是以经典的预期均衡模型为基准，使得异质性的发展与传统经典的定价模型相契合的定价体系。

其次，我们分别介绍了异质性行为人的资产定价模型和价格比现金流模型两种模型下的投资者异质预期规则以及他们的预期演化动态，从而内生了资本市场投资者的异质性预期的形成与转换。

最后，基于 Wind 咨询客户端的数据库，我们分别根据 2005 年 4 月至 2015 年 12 月的沪深 300 指数和 2002 年 1 月至 2015 年 12 月的上证指数的月度相关数据对价格比现金流模型进行实证检验，探究我国股票市场的行为异质性。估计结果表明，我国资本市场存在两种策略交易者，一种是基本面分析策略，预期股票价格将回归基本面；另一种是趋势分析策略，预期价格将持续偏离基本面价值。投资者根据历史的绩效表现转换预期策略，使得不同的预期策略内生转换，异质性信念的投资者占比也会随之不断变化。本书的结果给出了 2008 年前后我国资本市场大幅波动的合理解释，2008 年之前，趋势追随者主导市场，使得价格不断强化并持续偏离基本面，股票价格大幅上升；当股票价格出现逆转，投资者从趋势追随转变为基本面分析策略，促使价格回归基础价值，股票价格持续下跌。

异质性研究在经济学的研究中扮演着愈发重要的角色，然而多数研究偏向于价格受到外部因素冲击后，由于交易者行为的异质性导致了价格复杂的运动异象，而对交易者异质性的演化动态较少刻画，这导致了行为和价格的不匹配。基于 HAM 动态模型能够刻画交易者预期的动态转换和他们的行为决策，从微观的角度研究异质个体种类之间通过相互作用和适应性演化而导致的资产均衡价格的演变过程。需要注意的是，本章未涉及对交易者具体社会网络的探讨，或者可以认为，交易者所处的社会网络是完全网络。在今后的研究中，我们会结合前几章所提及的具体网络结构进一步探讨考虑社会网络的 HAM 模型的行为异质性研究。

第 8 章　总结与展望

8.1　主要结论

　　社会网络是人与人进行信息交流的基础，资本市场中的交易者基于社会网络与其他邻居交易者进行信息交流，影响着他们的预期和交易行为。本书基于资本市场中交易者所形成的社会网络，从经济个体的微观层面探究互动的交易者的异质性预期转换以及资产价格的动态演化，并得到以下结论。

　　一是资本市场是一个具有复杂性和自适应特征的复杂经济系统，市场中交易者之间的社会交流、交易者预期和资产价格构成了相互演化的金融系统，系统的复杂性是交易者异质性预期的微观个体化和股票收益对信息影响力的非线性反馈的综合作用结果，系统的自适应性反映为资本市场中异质性预期、交易者行为和资产价格等各个经济变量的自我实现。资本市场自适应复杂系统表现在，市场中的交易者基于社会网络进行信息交流，由于所处的网络结构不同，交易者通过与其邻居交易者交流所获取的信息异同不一，从而形成了他们对未来价格的异质性预期。交易者是有限理性的，他们根据所形成的异质性预期做出是否交易的行为决策，并因此导致市场需求的变化，产生市场均衡价格。新的资产价格会造成相应的历史收益的变化，影响交易者基于社会网络的信息影响力，从而使得市场交易者在新的信息影响力下调整他们的预期，形成市场新的异质性预期格局。以此类推，这样的循环作用使得社会交流、交易者预期和资产价格构成了一个自我实现的内生自适应复杂系统。

　　二是资本市场最终形成的稳定状态取决于交易者之间的信息影响力和他们所形成的社会网络的网络结构的相对关系，资产价格的动态变化则严格依赖于稳态价格与当前价格的相对大小关系。当稳态价格高于当前价格时，交易者预期市场利好，使得市场的需求增加，进而导致股票价格以概率 1 上升。反之，如果稳态价格低于当前价格，交易者基于现有的信息认为此时的股票是处于被高估的状态，他们相信股票价格将在不久的未来下跌，这使得市场需求下降，最终导致股票价格以概率 1 下降。

三是价格泡沫的产生与破灭过程可以解释为股票价格的正向和负向自我强化交替出现的动态过程，并且正向自我强化的强度越强，价格泡沫的幅度越大；负向自我强化的强度越大，价格的下跌表现越剧烈。在互动的资本市场的自适应系统中，价格的运动过程不断进行自我强化，表现为股票价格的大幅上涨往往会带动下一时期或者之后一段时期内的继续上涨，而价格的下跌会带动价格下一时期或者之后一段时期内的持续下降。价格的正向或者负向自我强化过程主要受两方面的影响：价格的真实动态行为和交易者预期的价格行为。如果股票价格的真实运动表现为上升趋势，并且市场中的交易者也预期股票最终的稳态价格会高于当前价格，那么股票价格将实现正向的自我强化过程；反之，如果股票价格的真实动态变化表现为下降趋势，并且市场中的交易者预期股票价格也呈现下降趋势，那么股票价格将实现负向的自我强化过程。

四是交易者随机信息交流网络中的随机信息交流是影响资产价格及其波动性的重要因素。资产价格可表示为信息共享度的函数，并且当信息共享度较高时，随机的信息交流将增加风险资产价格的波动率，当信息共享度较低时随机的信息交流将降低价格的波动率。

五是实证检验我国资本市场存在行为异质性。检验结果说明，市场存在两种策略分析的交易者，一种是基本面分析策略，预期股票价格将回归基本面；另一种是趋势分析策略，预期价格将持续偏离基本面价值。基于实证分析，2008 年前后我国股票市场大幅波动可以得到合理的解释：2008 年之前，趋势追随者主导市场，价格不断强化并持续偏离基本面，股票价格大幅上升；当股票价格出现逆转，投资者从趋势追随转变为基本面分析策略，促使价格回归基础价值，股票价格持续下跌。本书对内生异质性模型的估计为我国股票市场的价格影响机制提供了新的经验证据。

社会网络研究在金融市场中扮演着越来越重要的角色，已经引起了国内外诸多学者的广泛关注。本书从交易者异质性预期相互转换的角度探究了价格的动态变化，并且验证了价格的运动与交易者所处的社会网络结构有关，这为研究投资者与价格行为的动态特征提供了新的角度。

8.2 研究不足与展望

本书基于社会网络构建了资本市场中交易者的朋友交流关系，给出了交易者进行信息交流的社会网络基础；理论分析和数值模拟相结合，刻画分析了交易者异质性预期与资产价格的动态演化，并对资产价格泡沫及波动等现象给出了合理的解释。虽然基于社会网络的个体研究能够更好地体现交易者之间的异质性，但由于资本市场上过多的个体使得依赖于社会网络的模型更加复杂，本书的研究存在一些不足，具体可归纳为以下方面。

（1）对资本市场中交易者异质性预期模型的设计比较简单。虽然使用交易者之间的信息影响力刻画交易者的互动影响，使得交易者类似于传染效应的行为较为容易地进行解析分析，但这样的设定并没有体现交易者的心理特征和最大化的行为准则，这是该模型在设计构造交易者行为模型时的一大缺憾。在未来的研究中，我们会进一步考虑交易者的行为准则和心理特征对交易者异质性预期的影响，从而使得模型更加符合真实的资本市场中交易者预期的形成与转换规律。

（2）数值模拟的局限性。模型中的交易者预期是对每一时刻每一位市场交易者的预期状态的微观刻画，与完全信息的预期理论不同，我们立足于交易者的有限理性特征，并基于社会网络形成依赖于交易者信息交流的异质性预期，交易者之间的相互交流影响着交易者的决策进而影响资产价格。这种内生经济各变量之间的动态演化过程相当复杂，因此，在基于小世界网络模型的动态模拟时，我们对交易者个数的选定只能定为 5000 个交易者，这个规模的交易者数目远小于真实的资本市场。在今后的研究中，我们希望能够通过相应的算法改进、动力系统分析等方法，使得所建立的模型支持资本市场更大规模的数值模拟。

（3）对于我国资本市场只实证检验了较为简单的两类交易者的情形。作为新兴的资本市场，我国资本市场相比欧美较为成熟的市场更加复杂，因此，只单纯地考虑基本面分析者和趋势追随者的两类投资者并不完善。我们将在接下来的研究中深入研究已有的异质性行为人模型的经典理论，构建立足于我国资本市场的异质性行为人的资产定价模型，从而实现符合我国资本市场的更多类投资者类型的实证研究。

资本市场是一个复杂自适应的非线性经济系统，由于人与人之间交流的复杂性，构建合理的数学模型来刻画交易者的交流尤为重要。正如肯尼斯·阿罗（Kenneth Arrow）所说的，"微观经济学告诉我们的一个重要结论是个体之间存在差异，并且最重要的差异表现为预期的异质性。如果个体间不具有异质性，交易将不会进行。但是，开发一个可用于分析的异质性主体模型是困难的。"[①] 社会网络从交易者个体的层面出发，为资产价格的研究提供了微观基础，有助于从资本市场的微观个体出发探究宏观价格。异质性具有内生性，是交易者根据历史情况不断调整的，每类异质性预期群体在市场参与者中所占的比重是时变的。将交易者的异质性研究与社会网络结构相结合有助于我们把握资本市场微观结构的本质特征，并从交易者互动的社会属性探究交易者行为与资产价格的动态演化。

　　行为金融的研究大幕已经拉开，越来越多的金融理论得到完善，然而行为金融理论在保险市场以及精算的定价领域却还没有得到足够的重视。事实上，保险经济学一直采用的完美理性预期理论已经远远不能满足保险市场的产品定价需求，行为保险学开始提及，异质性预期理论也将为保险学及保险市场的发展规律提供新的思考，这也是笔者未来的主要研究方向之一。社会网络对资本市场的作用日益凸显，相信这一领域的研究将成为金融市场的新视野；更多社会网络对资产价格的影响机制将会被发现，为我国金融、保险市场的运作提供指导。我们坚信基于社会网络的异质性动态演化研究将成为非常有潜力的研究方向，这一研究将以把握微观个体的行为演化和宏观价格动态的内在因素为基础，解释更多的金融经济学异象，成为经济学中连接微观个体与宏观现象的"中观科学"。

---

　　① Colander D,Holt R P,Rosser J B.2004.The Changing Face of Economics:Conversations with Cutting Edge Economists [M]. Michigan: University of Michigan Press.

附录 1　小世界网络模型的生成 MATLAB代码

```
K=input('请输入网络中每个节点的邻居节点的个数的一半K：');
p0=input('请输入随机化重连的概率p0:');
if K>floor(N/2)
    disp('输入的K值不合法')
    return;
end
A=zeros(N);
  for i=1:N
    for j=i+1:i+K
        jj=j;
        if j>N
           jj=mod(j,N);
        end
      A(i,jj)=1; A(jj,i)=1;
    end
end

for i=1:N
   for j=i+1:i+K
       jj=j;
       if j>N
           jj=mod(j,N);
       end
       p1=rand(1,1);
       if p1<p0
           A(i,jj)=0;A(jj,i)=0;
```

```
        A(i,i)=inf; a=find(A(i,:)==0);
        randdata=randi(1,length(a));
        jjj=a(randdata);
        A(i,jjj)=1;A(jjj,i)=1;
        A(i,i)=0;
    end
  end
end
```

附录 2　基于Agent的复杂系统仿真模拟MATLAB程序代码（部分参数）

```
%多时段的网络节点之间的传染模型
disp('该程序生成多时段网络下的节点传染过程');
T=input('请输入传染步长：');

赋初值：
L=1;n=25;N=5000;
b=0.4;
c1=70;c2=0.03;c3=80;c4=0.09;
d1=0.2;d2=0.3;d3=0.5;
T0=251;

设定各变量的表示：
I=zeros(T,L);
HP=zeros(T-T0,L);
mr=zeros(T-T0,L);dmr=zeros(T-T0,L);
qr=zeros(T-T0,L);dqr=zeros(T-T0,L);
yr=zeros(T-T0,L);dyr=zeros(T-T0,L);
beta=zeros(T-T0,L);delta=zeros(T-T0,L);
Ar=zeros(T-T0,L);Br=zeros(T-T0,L);

动态演化模拟：
for ii=1:L
    for t=1:T0+1
        I(t,ii)=SP09(t,1);
```

附录 2 基于 Agent 的复杂系统仿真模拟 MATLAB 程序代码（部分参数）

```
end
HP(1,ii)=N/2;
mr(1,ii)=(I(T0+1,ii)-I(T0+1-21,ii))/I(T0+1-21,ii);
qr(1,ii)=(I(T0+1,ii)-I(T0+1-63,ii))/I(T0+1-63,ii);
yr(1,ii)=(I(T0+1,ii)-I(T0+1-251,ii))/I(T0+1-251,ii);
dmr(1,ii)=nthroot((1+mr(1,ii)),21)-1;
dqr(1,ii)=nthroot((1+qr(1,ii)),63)-1;
dyr(1,ii)=nthroot((1+yr(1,ii)),251)-1;
Ar(1,ii)=(d1*dmr(1,ii)+d2*dqr(1,ii)+d3*dyr(1,ii));
beta(1,ii)=1/(1+exp(-c1*(Ar(1,ii)-c2)));
delta(1,ii)=1/(1+exp(c3*(Ar(1,ii)-c4)));
Br(1,ii)=beta(1,ii)/delta(1,ii);

P=zeros(T-T0,N);
S=zeros(T-T0,N);
Q=zeros(T-T0,N);
r=zeros(T-T0,N);
B=randperm(N,HP(1));

for k=1:HP(1,ii)
    P(1,B(k))=1;
    S(1,B(k))=1;
end
for t=T0+2:T
    for i=1:N
    m=find(A(i,:)==1);
    M=zeros(1,length(m));
    for j=1:length(m)
        M(j)=S(t-T0-1,m(j));
    end
    Q(t-T0-1,i)=sum(M);
    P(t-T0,i)=(1-S(t-T0-1,i))*beta(t-T0-1)*Q(t-T0-1,i)*(1/n)
            +S(t-T0-1,i)*(1-delta(t-T0-1)*(1/n));
    r(t-T0,i)=rand(1);
    if r(t-T0,i)<=P(t-T0,i)
        S(t-T0,i)=1;
    elseif r(t-T0,i)>P(t-T0,i)
        S(t-T0,i)=0;
```

```
        end
     end

     HP(t-T0,ii)=sum(S(t-T0,:));
     I(t,ii)=I(t-1,ii)+b*(HP(t-T0,ii)-HP(t-T0-1,ii));
     mr(t-T0,ii)=(I(t,ii)-I(t-21,ii))/I(t-21,ii);
     qr(t-T0,ii)=(I(t,ii)-I(t-63,ii))/I(t-63,ii);
     yr(t-T0,ii)=(I(t,ii)-I(t-251,ii))/I(t-251,ii);
     dmr(t-T0,ii)=nthroot((1+mr(t-T0,ii)),21)-1;
     dqr(t-T0,ii)=nthroot((1+qr(t-T0,ii)),63)-1;
     dyr(t-T0,ii)=nthroot((1+yr(t-T0,ii)),251)-1;
     Ar(t-T0,ii)=d1*dmr(t-T0,ii)+d2*dqr(t-T0,ii)+d3*dyr(t-T0,ii);
     beta(t-T0,ii)=1/(1+exp(-c1*(Ar(t-T0,ii)-c2)));
     delta(t-T0,ii)=1/(1+exp(c3*(Ar(t-T0,ii)-c4)));
     Br(t-T0,ii)=beta(t-T0,ii)/delta(t-T0,ii);

  end
end
```

附录 3　价格波动率分析的部分模拟代码

```
clear;
disp('This program produce asset prices under the stochastic network');

L=1000;L0=10;
%动态网络下计算价格
Ev=1;sigma=0.35;Es=1;delta=2.8;
VarP=zeros(1,L0);
EP=zeros(1,L0);
a2=zeros(L,L0);
a1=zeros(L,L0);
a0=zeros(L,L0);
P=zeros(L,L0);
for ii=1:L0
    parfor i=1:L
        beta(i,ii)=unifrnd(2,14);
        a2(i,ii)=(sigma^{2}*delta^{2}+beta(i,ii)*sigma^{2})/
            (beta(i,ii)*sigma^{2}*delta^{2}+delta^{2}+sigma^{2}*beta(i,ii)^{2});
        a1(i,ii)=a2(i,ii)*beta(i,ii);
        a0(i,ii)=a2(i,ii)*(Ev*delta^{2}+Es*beta(i,ii)*sigma^{2})/
            (sigma^{2}*delta^{2}+sigma^{2}*beta(i,ii));
        V(i)=normrnd(Ev,sigma);
        S(i)=normrnd(Es,delta);
        P(i,ii)=a0(i,ii)+a1(i,ii)*V(i)-a2(i,ii)*S(i);
    end
```

```
    EP(ii)=mean(P(:,ii));
    VarP(ii)=var(P(:,ii));
end
EP=EP';
VarP=VarP';
```

参 考 文 献

[1] 陈国进，张贻军，王景. 异质信念与盈余惯性——基于中国股票市场的实证分析 [J]. 当代财经,2008(7):43-48.

[2] 陈国进，张贻军. 异质信念、卖空限制与我国股市的暴跌现象研究 [J]. 金融研究, 2009(4): 80-91.

[3] 成思危. 复杂科学与系统工程 [J]. 管理科学学报, 1999, 2 (2): 1-7.

[4] 邓宏钟，谭跃进，迟妍. 一种复杂系统研究方法——基于多智能体的整体建模仿真方法 [J]. 系统工程, 2000, 18 (4): 73-78.

[5] 凯恩斯. 就业、利息和货币通论 [M], 徐毓枏译. 北京：商务印书馆，1997.

[6] Kindleberger C. P. 新帕尔格雷夫经济学大辞典 [M]. 北京：经济科学出版社. 1992.

[7] 李涛. 社会互动、信任与股市参与 [J]. 经济研究, 2006 (1): 34-45.

[8] 米什金. 货币金融学（第 7 版）[M]. 郑艳文译. 北京：中国人民大学出版社,2006.

[9] 米尔达尔. 货币均衡论 [M]. 钟淦恩译. 北京: 商务印书馆，2009.

[10] 申宇，赵静梅，何欣. 校友关系网络、基金投资业绩与"小圈子"效应 [J]. 经济学（季刊）, 2015 (1): 403-428.

[11] 史金艳，赵江山，张茂军. 基于投资者异质信念的均衡资产定价模型研究 [J]. 管理科学, 2009, 22(6): 95-100.

[12] 维克赛尔. 利息与价格 [M], 蔡受百译. 北京: 商务印书馆，1997.

[13] 肖欣荣，刘健，赵海健. 机构投资者行为的传染——基于投资者网络视角 [J]. 管理世界, 2012 (12): 35-45.

[14] 徐艳，谢赤. 投资者信念异质与证券价格互动关系研究 [J]. 管理学报, 2009, 6(10)：1361-1367.

[15] 张维，赵帅特. 认知偏差、异质期望与资产定价 [J]. 管理科学学报, 2010, 13(1): 52-59.

[16] 张永杰，张维，金曦. 理性、有限理性、噪音与资产价格 [J]. 系统工程理论与实践, 2009, 29（12）：111-117.

[17] 周铭山，孙磊，刘玉珍. 社会互动、相对财富关注及股市参与 [J]. 金融研究, 2011 (2): 172-184.

[18] Admati A.R., A noisy rational expectations equilibrium for multi-asset securities markets [J]. Econometrica, 1985, 53: 629-658.

[19] Albert, R., H. Jeong, and A.L. Barabási. Diameter of the World Wide Web [J]. Nature, 1999, 401(9): 130-131.

[20] Alfarano, S., Lux, T. and Wagner, F. Estimation of agent-based models: the case of an asymmetric herding model [J]. Computational Economics, 2005, 26, 19-49.

[21] Alfarano, S., Milakovic, M. Network structure and N-dependence in agent-based herding models [J]. Journal of Economic Dynamics and Control, 2009, 33: 78-92.

[22] Amilon, H. Estimation of an adaptive stock market model with heterogeneous agents [J]. Journal of Empirical Finance, 2008, 15, 342-362.

[23] Anufriev M., Panchenko. Asset price dynamics with heterogeneous beliefs and local network interactions [J]. Journal of Economic Dynamics and Control, 2009, 33 (5):1073-1090.

[24] Anufriev, M. and Hommes, C.H. Evolution of market heuristics [J]. The Knowledge Engineering Review, 2012a, 27, 255-271.

[25] Anufriev, M. and Hommes, C.H. Evolutionary selection of individual expectations and aggregate outcomes in asset pricing experiments [J]. American Economic Journal: Microeconomics 2012b, 4 (4).

[26] Arnswald, T., 2001. Investment behaviour of German equity fund managers - an exploratory analysis of survey data. Deutsche Bundesbank Working Paper 08/01.

[27] Arthur, W.B., Holland, J.H., LeBaron, B., Palmer, R., Taylor, P. Asset pricing under endogenous expectation in an artificial stock market [J]. The Economy as an Evolving Complex System II, 1997, 15-44.

[28] Barabási A. and R. Albert.Emergence of scaling in random networks [J]. Science, 1999, 286: 509-512.

[29] Backstrom L, Boldi P, Rosa M, et al. Four degrees of separation [J]. Proc. 4th ACM Int' l Conference on Web Science, 2012, 45-54.

[30] Bakker L., Hareb, W. Khosravia H, et. al. A social network model of investment behaviour in the stock market [J]. Physica A: Statistical Mechanics and its Applications, 2010, 6 (15): 1223-1229.

[31] Barberis, N., Shleifer, A., Vishny, R. A model of investor sentiment [J]. Journal of Financial Economics, 1998, 49, 307-343.

[32] Black F., Scholes M. The pricing of options and corporate liabilities [J]. Journal of Political Economy, 1973, 81, 637-659.

[33] Black F. Noise [J]. Journal of Finance, 1986, 41: 529-543.

[34] Boswijk, H.P., Hommes, C.H. and Manzan, S. Behavioral heterogeneity in stock prices [J]. Journal of Economic Dynamics and Control, 2007 ,31, 1938-1970.

[35] Brock, W.A., Hommes, C.H. and Wagener, F.O.O. More hedging instruments may destabilize markets [J]. Journal of Economic Dynamics and Control, 2009, 33, 1912-1928.

[36] Brock, W.A., Hommes, C. H. A rational route to randomness [J]. Econometrica, 1997, 65, 1059-1095.

[37] Brock, W.A., Hommes, C. H. Heterogeneous beliefs and routes to chaos in a simple asset pricing model [J]. Journal of Economic Dynamics and Control, 1998, 22, 1235-1274.

[38] Brock W., Lakonishok J., Lebaron B.. Simple technical trading rules and the stochastic properties of stock returns. The Journal of Finance, 1992, 47 (5): 1731-1764.

[39] Brown R, Ivkovic Z, Smith A P, et al. Matter: Causal Community Neighbors and Stock Market Participation Effects [J]. Journal of Finance, 2008, 63(3): 1509-32.

[40] Buechel B, Hellmann T, Klößner S. Opinion dynamics and wisdom under conformity [J]. Journal of Economic Dynamics and Control, 2015, 52: 240-257.

[41] Castellano C, Fortunato S, Loreto V. Statistical physics of social dynamics [J]. Review of Modeling Physics, 2009, 81 (2): 591-646.

[42] Chang, Sheng-Kai. A simple asset pricing model with social interactions and heterogeneous beliefs [J]. Journal of Economic Dynamics and Control, 2007.31(4):1300-1325.

[43] Chang, Sheng-Kai. Bubbles and social interactions in financial markets herd behavior [J]. Studies in Nonlinear Dynamics and Econometrics Herd Behavior 2012.

[44] Chen, S.H., Yeh, C.H. Evolving traders and the business school with genetic programming: a new architecture of the agent-based artificial stock market [J]. Journal of Economic Dynamics and Control, 2001, 25, 281-654.

[45] Chiarella, C. The dynamics of speculative behaviour [J]. Annals of Operations Research, 1992, 37, 101-123.

[46] Cohen L, Frazzini A, Malloy C. The small world of investing: board connections and mutual fund returns [J]. Journal of Political Economy, 2008, 116: 951-979.

[47] Colander D, Holt R P, Rosser J B.2004. The changing face of economics:conversations with cutting edge economists [M]. Michigan: University of Michigan Press.

[48] Colla P., Mele A. Information linkages and correlated trading [J]. Review of Financial Studies, 2010, 23: 203-246.

[49] Cont R, Bouchaud J P. Herd behavior and aggregate fluctuations in financial markets [J]. Macroeconomic Dynamics, 4, 2000, 170-196.

[50] Cutler D.M., Poterba,J.M. Summers L.H., What moves stock prices [J]. Journal of Portfolio Management, 1989, 15: 4-12.

[51] Day, R., Huang, W. Bulls, bears and market sheep [J]. Journal of Economic Behavior and Organization, 1990, 14, 299-329.

[52] de Jong, E., Verschoor, W.F.C. and Zwinkels, R.C.J. Heterogeneity of agents and exchange rate dynamics: Evidence from the EMS [J]. Journal of International Money and Finance, 2010, 29, 1652-1669.

[53] de Long, Sgleifer A., Summers L. H., Waldman R. J. Trader risk in financial markets [J]. Journal of political Economy, 1990, 4, 703-738.

[54] Daniel K., Hirshleifer D., Subrahmanyam A. Investor psychology and security market under and overreactions [J]. Journal of Finance, 1998, 6, 1839-1865.

[55] Diamond D, Verrecchia R. Information aggregation in a noisy rational expectations equilibrium [J]. Journal of financial economics, 1981, 9: 219-317.

[56] Duflo, E., Saez, E. Participation and investment decisions in a retirement plan: the influence of colleagues' choices [J]. Journal of Public Economics, 2002. 85,121-148.

[57] Ehrentreich, N. Technical trading in the Santa Fe Institute artificial stock market revisited [J]. Journal of Economic Behavior and Organization, 2006,61: 599-616.

[58] Erdös, P. and A. Rényi.On random graphs[J].Publ. Math. Debrecen, 1959, 6:290-297.

[59] Erdös, P. and A. Rényi. On the Evolution of Random Graphs[J]. Publication of the Mathematical Institute of the Hungarian Academy of Sciences, 1960,5: 17-61.

[60] Ezekiel, M. The cobweb theorem [J]. Quarterly Journal of Economics, 1938, 52, 255-280.

[61] Fair R. Events that shook the market [J]. Journal of Business, 2002, 75: 713-731.

[62] Fama, E F. Efficient capital markets: a review of theory and empirical work [J]. Journal of Finance, 1970, 25, 383-417.

[63] Farmer J D, Joshi S. The price dynamics of common trading strategies [J]. Journal of Economic Behavior and Organization, 2002,49: 149-171.

[64] Fisher, K.L., Statman, M.Blowing bubbles. Journal of Psychology and Financial Markets [J], 2002, 3, 53-65.

[65] Frankel, J.A., Froot, K.A., The rationality of the foreign exchange rate [J]. American Economic Review, 1990, 80(2): 181-185.

[66] Frankel, J.A., Froot, K.A. Using survey data to test standard propositions regarding exchange rate expectations [J]. American Economic Review, 1987. 77, 133-153.

[67] Frijns, B., Lehnert, B., Zwinkels, R. Behavioral heterogeneity in option prices [J]. Journal of Economic Dynamics and Control, 2010, 34, 2273-2287.

[68] Gallagher R. and Appenzeller T. Beyond reductionism[J]. Science, 1999, 284 (5411): 79.

[69] Gerasymchuk, S., 2008. Reference dependence and social interactions in agent-based models of financial markets. Ph.D. Thesis. Advanced School of Economics, University of Venice.

[70] Goodwin, R.M. Dynamical couplic with especial reference to markets having production lags [J]. Econometrica, 1947, 15, 181-204.

[71] Gordon, M. The investment financing and valuation of the corporation. 1962, Irwin,Homewood, IL.

[72] Grossman S. J. On the efficiency of competitive stock marktes where trades have diverse information [J]. The Journal of finance1976, 31(2): 573-585.

[73] Grossman S.J. and Stiglitz J. E. On the impossibility of informationally efficient markets [J]. The American Economic Review, 1980, 70 (3): 393-408.

[74] Guerico D. and Tkac, P.A. The determinants of the flow of funds of managed portfolios: mutual funds versus pension funds [J]. Journal of Financial and Quantitative Analysis, 2002, 37, 523-557.

[75] Gultekin. Stock Market Returns and Inflation: Evidence from Other Countries [J]. Journal of finance, 1983, 38(1): 49-65.

[76] Han B, Yang L. Social networks, information acquisition, and asset prices [J]. Management Science, 2013, 59 (6): 1444-1457.

[77] Heckman, J. J. Micro data, heterogeneity, and the evaluation of public policy: nobel Lecture [J]. Journal of Political Economy, 2001, 109 (4): 673-748.

[78] Hein O, Schwind M, Spiwokis M. Centrality and stock market volatility: the impact of communication topologies on prices [J]. Journal of Finance and Investment Analysis, 2012, 1: 199-232.

[79] Hellwig. On the aggregation of information in competitive markets [J]. Journal of Economic theory, 1980 22: 477-498.

[80] Hommes, C.H. Modeling the stylized facts in finance through simple nonlinear adaptive systems [J]. Proceedings of the National Academy of Sciences, 2002, 99, 7221-7228.

[81] Hommes, C.H. Heterogeneous agents models: two simple examples. In Lines, M. (ed.),Nonlinear Dynamical Systems in Economics. 2005, CISM Courses and Lectures No. 476. Springer, Berlin, pp. 131-164.

[82] Hommes, C., J. Sonnemans, J. Tuinstra, and H. van de Velden. Learning in cobweb experiments [J]. Macroeconomic Dynamics, 2007, 11(S1): 8-33.

[83] Hommes C., Lux T., Individual expectations and aggregate behavior in learning-to-forecast experiments [J]. Macroeconomic Dynamics, 2013, 17, 373-401.

[84] Hong, H., Stein, J.C. Differences of opinion, short-sales constraints, and market crashes [J]. Review of Financial Studies, 2003, 16 (2), 487-525.

[85] Hong H, Kubik D J, Stein C J. Social interaction and stock-market participation [J]. Journal of Finance, 2004, 59(1): 137-63.

[86] Hong H, Kubik D J, Stein C J. Thy neighbor's portfolio: word-of-mouth effects in the holdings and trades of money managers [J]. The Journal of Finance, 2005, 60: 2801-2824.

[87] Hong, H., Stein, J. A unified theory of underreaction, momentum trading and overreaction in asset markets [J]. Journal of Finance, 1999, 54, 2143-2184.

[88] Iori, G. A microsimulation of traders activity in the stock market: the role of heterogeneity, agents' interactions and trade frictions [J]. Journal of Economic Behavior and Organization, 2002, 49, 269-285.

[89] Ito, T., Foreign exchange rate expectations: micro survey data [J]. American Economic Review, 1990, 80, 434-449.

[90] Ivkovic Z, Weisbenner S. Information diffusion effects in individual investors' common stock purchases: Covet thy neighbors' investment choices [J]. The Review of Financial Studies, 2007, 20: 1327-1357.

[91] Jackson, M. Social and Economic Networks [M]. Princeton University Press, 2008.

[92] Kaizoji, T. Speculative bubbles and crashes in stock markets: an interacting-agent model of speculative activity [J]. Physica A: Statistical Mechanics and its Applications, 2000, 287 (3-4): 493-506.

[93] Karceski, J. Returns-chasing behavior, mutual funds, and beta's death [J]. Journal of Financial and Quantitative Analysis, 2002, 37, 559-594.

[94] Kindleberger, C.P. Manias, Panics, and Crashes [J]. A History of Financial Crises 3rd edn, 1996, Wiley, New York.

[95] Kirman A. Ants, Rationality, and Recruitment [J]. The Quarterly Journal of Economics, 1993, 108 (1): 137-156.

[96] Kleinberg J M. Navigation in a small world [J]. Nature, 2000, 406: 845.

[97] Kyle A. S. Continuous Auctions and Insider Trading. Econometrica, 1985, 53(6):1315-1335.

[98] Lucas, R.E. Econometric testing of the natural rate hypothesis. In Eckstein, O. (ed.), The Econometrics of Price Determination. 1972a, Conference, Board of Governors of the Federal Reserve System and Social Science Research Council, Washington DC, pp. 50-59.

[99] Lucas, R.E. Expectations and the neutrality of money [J]. Journal of Economic Theory, 1972b, 4, 103-124.

[100] Lucas R. Asset prices in an exchange economy [J]. Econometrica, 1978, 46: 1426-1445.

[101] Lux, T. Stochastic behavioral asset pricing models and the stylized facts. In Hens, T. and Schenk-Hoppé, K.R. (eds.), Handbook of Financial Markets: Dynamics and Evolution [M]. 2009, Elsevier, Amsterdam.

[102] Lux, T. Herd behavior, bubbles and crashes [J]. The Economic Journal, 1995, 105, 881-896.

[103] Mckendrick, A. G. Applications of mathematics to medical problems[J]. In Proceedings of Edin. Math. Society, 1926, 14: 98-130.

[104] Mehra R., Prescott E. C. , The equity premium: a puzzle [J]. Journal of Monetary Economics, 1985, 15 (2):145-161.

[105] Mieghem P V. Omic J, Kooij R. Virus Spread in Networks [J]. IEEE/ACM Transactions on Networking, 2009, 17 (1): 1-14.

[106] Milgram S. The small-world problem[J]. Psychology Today, 1967, 1 (1): 61-67.

[107] Miller, E.M. Risk, uncertainty, and divergence of opinion [J]. Journal of Finance, 1977, 32, 1151-1168.

[108] Muth, J.F. Rational expectations and the theory of price movements [J]. Econometrica, 1961, 29, 315-335.

[109] Nerlove, M. Adaptive expectations and cobweb phenomena [J]. Quarterly Journal of Economics, 1958, 72, 227-240.

[110] Ozsoylev N H, Walden J. Asset pricing in large information networks [J]. Journal of Economic Theory, 2011, 146: 2252-2280.

[111] Ozsoylev N H, Walden J, Yavuz D M. Investor networks in the stock market [J]. Review of Financial Studies, 2014, 27 (5): 1323-1366.

[112] Page, F. and M. Wooders. Strategic Basins of Attraction, the Farsighted Core, and Network Formation Games. FEEM Working paper 2005 3605.

[113] Panchenko V, Gerasymchuk S, Pavlov O V. Asset price dynamics with heterogeneous beliefs and local network interactions [J]. Journal of Economic Dynamics and Control, 2013, 37: 2623-2642.

[114] Pool V K, Stoffman N, Yonker S E. The People in your neighborhood: social interactions and mutual fund portfolios [J]. The Journal of Finance, 2015, 70: 2679-2731.

[115] Poterba J. M . Summers L. H., Mean reversion in stock prices: evidence and implications [J]. Journal of Financial Economics, 1988, 22(1): 27-59.

[116] Reitz, S., Westerhoff, F.H. Nonlinearities and cyclical behavior, the role of chartists and fundamentalists [J]. Studies in Nonlinear Dynamics and Econometrics, 2003,7, 3.

[117] Ross S. A., The arbitrage theory of capital asset pricing. Journal of Economic Theory[J]. 1976, 13(3):341-360.

[118] Rozeff M.S. Kinney W. R. Jr. Capital market seasonality: the case of stock returns [J]. Journal of Financial Economics, 1976, 3(4): 379-402.

[119] Scheinkman J. A., Xiong W. Overconfidence and speculative bubbles [J]. Journal of Political Economy, 2003, 111(6).

[120] Schneider J. A rational expectations equilibrium with informative trading volume [J]. Journal of Finance, 2009, 64(6):2783-2805.

[121] Schweitzer M H, Fagiolo G, Sornette D, et al. Economic networks: the new challenges [J]. Science, 2009, 325 (5939): 422-425.

[122] Sharpe W. F. Capital asset prices: a theory of market equilibrium under conditions of risk [J]. 1964, 19(3): 425-442.

[123] Shiller, R.J. Stock prices and social dynamics [J]. Brookings Papers in Economic Activity, 1984, 2, 457-510.

[124] Shiller R. J. Irrational exuberance [M]. Princeton University Press. Princeton, New Jersey, 2000.

[125] Shiller, R.J. Do stock prices move too much to be justified by subsequent changes in dividends [J]. American Economic Review, 1981, 71, 421-436.

[126] Shiller R J, Pound J. Survey evidence on diffusion of interest and information among investors [J]. Journal of Economic Behavior and Organization, 1989, 12: 47-66.

[127] Shiller R. J. Speculative prices and popular models [J]. The Journal of Economic Perspectives, 1990, 4 (2): 55-65.

[128] Shiller, R J. Conversation, information, and herd behavior [J]. The American Economic Review, 1995, 85: 181-185.

[129] Shive, S. An Epidemic model of investor behavior [J]. Journal of Financial and Quantitative Analysis, 2010, 45(1):169-198.

[130] Shleifer A, Summers L. The noise trader approach to finance [J]. Journal of Economic Perspectives, 1990, 4 (1): 19-33.

[131] Simon H A. On the application of servomechanism theory in the study of production control [J]. Econometrica, 1952, 20, (2): 247-268

[132] Simon, H.A., A behavioral model of rational choice [J]. Quarterly Journal of Economics, 1955, 69, 99-118.

[133] Simon, H.A., Models of man [M]. 1957, Wiley, New York.

[134] Summers, L.H. Does the stock market rationally reflect fundamental values [J]? Journal of Finance, 1986, 41, 591-602.

[135] Vives X. Short-term investment and the information efficiency of the market [J]. The Review of Financial Studies, 1995, 8: 125-160.

[136] Wang J. A model of intertemporal asset prices under asymmetric information [J]. The Review of Financial Studies, 1993, 60: 249-282.

[137] Watts D. J., Dodds P S., Newman M. E. J. Identity and Search in social networks [J]. Science, 2002, 296: 1302-1305.

[138] West K. D. Dividend innovations and stock price volatility [J]. Econometrica, 1988, 56 (1): 37-61.

[139] Watts, D.J. and Strogatz S. Collective dynamics of "small-world"networks [J]. Nature, 1998, 393: 440-442.

[140] Zeeman, E. C. The unstable behavior of stock exchange [J]. Journal of Mathematical Economics, 1974, (1): 39-49.